減点されない！

# 勝論文

［1からわかる小論文　基礎の基礎編］

小杉樹彦

AO推薦入試から就職、公務員試験まで使える

「ダイヤモンドメソッド」を徹底指南！

# 勝つ小論文

# 読者から絶賛の嵐！

全国の読者から「推薦の声」が続々と届いています。
ここではその一部を抜粋して紹介します。

**小論文を書くなら「ダイヤモンドメソッド」で決まりです。**

私立大学 商学部3年生 K・B（♂）東京都在住

**小手先ではない「一生役立つ」文章スキルが身につきます。**

国立大学 工学部4年生 E・C（♂）新潟県在住

**この本のおかげで念願の第一志望校に逆転合格できました。**

慶應義塾大学 総合政策学部 合格 U・Tさん（♀）神奈川県在住

**型に当てはめて書くだけで最速で合格点が取れました。**

法政大学 キャリアデザイン学部 合格 O・Sさん（♂）東京都在住

**公務員試験対策はこの1冊をマスターすれば万全です。**

埼玉県警察 合格 I・Nさん（♂）埼玉県在住

**目標だった「足切り突破」を余裕でクリアできました。**

群馬県市役所 合格 T・Rさん（♂）群馬県在住

**大学入試で使ったメソッドが就活でもそのまま役立ちました。**

東証一部上場企業 内定 A・Mさん（♂）東京都在住

**文章を書くことへの苦手意識がスッとなくなりました。**

ベンチャー企業 内定 F・Aさん（♀）千葉県在住

まえがき……12

第1章 勝論文の「考え方」

◆近年、小論文の重要性は増している……18
◆多くの受験生が小論文を誤解している……20
誤解① 「小論文＝作文」だと思っている 22
誤解② 「小論文＝速記試験」だと思っている 24
誤解③ 「小論文は答えのない試験」だと思っている 26
誤解④ 合格点ではなく、「満点」を目指している 28
誤解⑤ 「人と違うことを書けば良い」と思っている 31
誤解⑥ 「筆者の意見に迎合すれば良い」と思っている 34
誤解⑦ 「自分の本音」を書けば良いと思っている 36

## 第2章 勝論文の「作法」

◆「作法」を制する者は小論文を制す……44
作法① 原稿用紙を正しく使う 46
作法② 主語は「筆者」か「私」 48
作法③ 一文は「40字以内」 50
作法④ 適度に改行を入れる 52
作法⑤ 「丁寧な字」で書く 54
作法⑥ ひらがなと漢字は「8：2」が理想的 56
作法⑦ 基本は「だ・である」調で書く 58
作法⑧ カッコを適切に使い分ける 60
作法⑨ 制限字数を守る 62
作法⑩ シャープペンではなく、「鉛筆」で書く 64

## 第3章 勝論文の「書き方」


◆減点されない書き方には型がある……72
◆ダイヤモンドメソッドは「三部構成」……74
【第一部】結論　77
【第二部】理由　79
【第三部】展望　81
◆書き出す前に「賛成・反対メモ」を作成する……84
◆「意見を述べよ」も「賛成・反対」に問い直す……87
◆「要約」には手順がある……89

## 第4章 勝論文の「磨き方」

◆質は「量」の中から生まれる……98
◆短期間で飛躍的に点数を上げる演習法とは?……100
◆「添削」で伸びる人、落ち込む人……102
◆添削は「2回1セット」が基本……104
◆添削はどれくらい受けるべき?……106
◆添削済みの答案はファイリングする……108
◆「模写」のすゝめ……110

## 第5章 勝論文の「切り抜け方」

◆小論文にピンチは付きもの……118
◆時事問題対策の時間がない！……120
◆漢字をど忘れしてしまった！……122
◆原稿用紙がマス目ではなく、「罫線」！……124
◆制限文字数を大幅に超過してしまった！……126
◆原稿用紙が半分も埋まらない！……128
対処法①「例えば」「具体的に」 130
対処法②実体験を盛り込む 132
対処法③たしかに～しかし～ 134
対処法④第三者のお墨付き 136

◆土壇場でミスに気づいてしまった！…… 138
付録　合格者特別対談…… 146

ＫＯＳＳＵＮ教育ラボのご案内
ＫＯＳＫＯＳのご案内
「ＫＯＳＫＯＳ × 武田塾」サテライト校コース誕生！
志樹舎のご案内

あとがき…… 166
参考文献…… 168

# まえがき

こんにちは！

この本を手に取っていただき、ありがとうございます。

著者の小杉樹彦と申します。

さて、世の中には、小論文を課す試験が数多くあります。

□高校入試
□大学ＡＯ推薦入試
□大学一般入試
□大学定期試験
□就職試験
□公務員試験
□教員採用試験

□大学院入試
□昇進試験
□転職試験

この他にも小論文の力が試される機会は数多くあります。

私はこれまで10年以上にわたって教育業界に身を置き、高校生、大学生を中心に小論文指導を行ってきました。

添削した小論文は5万枚を超えます。

時には、大学入試担当者として受験生の小論文を採点することもあります。

またある時には、採用担当者として就活生の小論文を選抜することもあります。

こうした私の経験を活かして、「小論文で困っている全国の受験生の助けになりたい」という思いから、この本を書くことにしました。

具体的には次のような人のために書きました。

「小論文にかける時間があまりない」

「小論文への苦手意識を克服したい」

「ゼロから小論文をマスターしたい」


勝つ小論文（勝論文）を書くために必要な情報を「これでもか」というくらいわかりやすく、丁寧にお伝えしていきます。


具体的な章立ては次の通りです。

この本は5つの章から成り立っています。


第1章では、多くの受験生が陥りがちな誤解についてお伝えします。

第2章では、小論文を書く上で押さえておきたい基本的なマナーについてお伝えします。

第3章では、減点されない書き方、「ダイヤモンドメソッド」についてお伝えします。

第4章では、小論文の効果的な演習方法についてお伝えします。

第5章では、受験生が土壇場で陥りがちなピンチの切り抜け方についてお伝えします。

各章末に演習用として原稿用紙を付けていますので、ぜひ活用してください。

合格点を取るために必要なすべてがこの1冊に凝縮されています。

あなたが本番で勝つ小論文を書けるようになることを願っています。

それでは早速、始めましょう！

第1章

# 勝論文の「考え方」

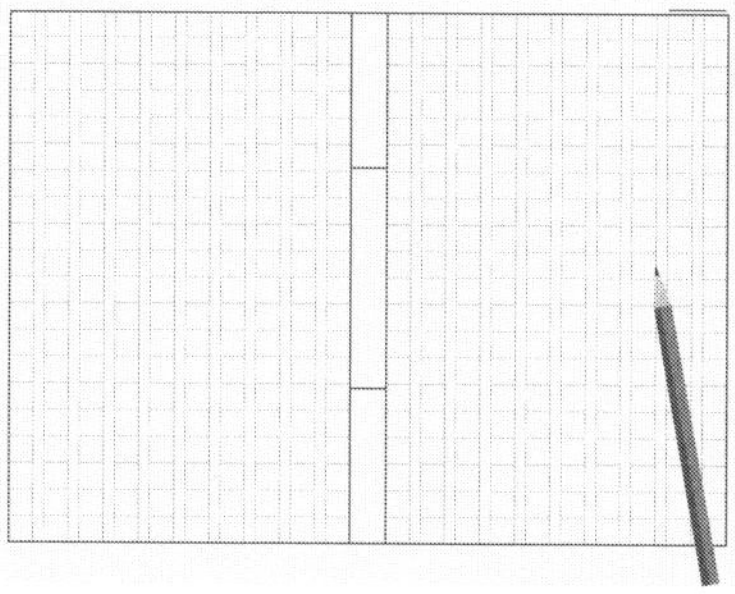

## ◆近年、小論文の重要性は増している

最初に、小論文の重要性についてお伝えしたいと思います。

かつては、小論文のイメージといえば、次のようなものでした。

□配点が低い
□形式だけ
□点差がつかない

このように、多くの受験生の間で小論文は軽視されがちでした。

その他の試験科目対策に重点を置き、小論文対策は最後の「デザート」のような位置付けで考える人が大勢いました。

しかし、昨今は小論文が合否に与える影響は大きくなりつつあります。

もちろん、試験の種類にもよりますが、様々な試験でその傾向が顕著に見られます。

それは、ＡＯ推薦入試然り。
公務員試験然り。
教員採用試験然り。
大学院入試然り、です。

前述したような考えは、一昔前のものとなりました。

その理由として、大学入試でも、就職試験でも、「総合力」が求められる時代において、小論文は、「論理力」「表現力」「読解力」といった受験生の能力を多面的に見ることに優れているからでしょう。

そこで、近年では受験生も小論文対策を重要視するようになり、しっかりと準備をして臨む人が増えました。

インターネットの普及により、情報も入手しやすくなり、より対策がしやすくなったことも手伝っています。

もちろん、参考書を通じて、小論文対策を行うことも好ましい学び方の一つです。

あなたもぜひ、本書を最後まで精読し、１冊を完璧にしていただきたいと思います。

## ◆多くの受験生が小論文を誤解している

「敵を知らずして勝利なし」

ビジネス、スポーツ、研究など様々な分野で使われている言葉です。

このことは小論文にも当てはまります。

私は毎年、受験生から小論文に関する様々な悩み相談を受けます。

その度に、多くの受験生が小論文に対して間違った考え方をしていることに驚かされます。

「小論文には答えがない」

「オリジナリティーが大事」

「本音を書かないとダメ」

このような誤解をしている受験生がどれだけ多いことか……。

さて、あなたは小論文に対して正しい理解をしていると自信を持って言えるでしょうか？

ひょっとしたら、あなたもこのように感じているかもしれません。

誤解したままでは一向に小論文で勝つことはできません。

まずはこうした誤解を一つひとつ正していく必要があります。

そこで、第1章では、前述したような受験生が陥りがちな7つの誤解を紹介し、小論文で勝つための考え方、姿勢を身につけていただきます。

きっと今までの喉のつかえがスッと取れるはずです。

## 誤解① 「小論文＝作文」だと思っている

早速ですが、「小論文」とは何でしょうか？

これから小論文を学ぼうというのに、この問いに的確に答えることのできる受験生は実に少ないです。

まずは小論文の定義について理解していなければ勝負にすらなりません。

中には、小学生のときに書いた作文と混同している人がいます。

「小論文＝作文」だと誤解しているのです。

小論文と作文は似て非なるもの。

具体的な違いはこうです。

小論文では、あなたの「論」を述べます。

一方で、作文では、あなたの「感想」を述べます。

両者の決定的な違いは、「論」が必須か否かです。

「そもそも、論とは何かがわからない」という声が聞こえてきそうです。

一言で説明すると、次のように言えます。

「意見＋理由」

これが論です。

**つまり、小論文とは、「あなたの『意見』と『理由』をセットで答える文章のこと」と定義できます。**

作文に論が含まれていなくても、マイナスにはなりませんが、小論文には論が不可欠となります。

勝つ小論文（勝論文）を書く人は、決まって説得力のある論を展開しています。

## 誤解② 「小論文＝速記試験」だと思っている

小論文と聞いて、速記の練習をしようとする人がいますが、そんなことはまったくの的外れです。

確かに、小論文の試験本番で時間切れになってしまう受験生は少なくありません。ですが、それは文字を書くスピードが遅いことが原因ではありません。

一般的な小論文の試験時間、文字数は、60分で８００～１０００字が標準です。

試しに、60分間で題材はなんでも良いので８００～１０００字程度の文章を書き写してみてください。

おそらく15～20分程度で落ち着いて書き上げることができるはずです。

留学生のように、日本語に慣れていないというのであれば話は別ですが、日本人であればいくら文字を書くのが遅い人でも十分に書き上げられる量なのです。

これはつまり、小論文は速記の試験ではないということです。

文字を早く書けるに越したことはありませんが、一般的なスピードで書くことができれば、特段早く書けなくても良いのです。

では、小論文で求められている能力は一体、どのようなものなのでしょうか？

**それはズバリ、「構成力」です。**

構成力とは、**「何をどの順番で伝えるか」**ということを考える力です。

小論文で勝つ人は、試験が始まった瞬間から、いきなり書き出すようなことはしません。

それどころか、20～30分くらい手を止めてじっくりと思考します。

何をどう書くかをまず考え、構成が決まったところで、やっと鉛筆を持つのです。

小論文について誤解している人は、「早く書かなければ……」と試験開始の合図とともに焦って書き出します。

**小論文で勝つ人は、じっくり考えてから書き出しても間に合うことを知っている**ので余裕があります。

むしろ、そうすることで説得力の高い小論文を書くことができるとわかっているのです。

さらに、そのようにしてしっかりと構成が練られていれば、何度も書き直す必要もなくなり、結果として早く書き上げることができます。

なお、構成の練り方については第3章で後述します。

## 誤解③「小論文は答えのない試験」だと思っている

「小論文が難しいと言われる最大の理由は、答えがないからだ」という人がいます。

果たして、本当にそうでしょうか？

実は、これも間違いです。

確かに、合格者が一様に同じ答案になるわけではありません。

しかし、だからと言って、それは答えがないということにはなりません。

**小論文には確実に「答え」があります。**

出題者があなたに書いてほしいと思っていることがあるのです。

出題者には必ず意図があります。

意図とは、出題者の真の狙いのことです。

設問の意図を汲むことが小論文では大事であり、的外れなことを書いていては、得点には結びつかないどころか、大きく減点されてしまいます。

求められている意図を外したままでは、文章を書き進めれば進めるほど、小論文突破は遠のきます。

この意図さえ把握できれば、何を書けば良いのかわかったも同然です。

では、どうすれば意図をつかむことができるのでしょうか？

意図は設問に隠されています。

熟読すれば、ヒントが見えてくるはずです。

□問いに答えていない
□論点がズレている

これらは小論文で落とされる典型パターンだと心得ておきましょう。

## 誤解④ 合格点ではなく、「満点」を目指している

小論文は覚える知識が少なく、大変コスパの良い試験科目と言えます。

例えば、大学入試で言えば、日本史や世界史を選択すれば、教科書を丸々1冊覚えなければいけません。

このような暗記科目でなくとも、数学であれば最低限度の公式や出題パターンを詰め込む必要があるでしょう。

その意味で小論文は覚えることがごくわずかです。

時事問題は直前で多少なりとも詰め込む必要がありますが、それでも他の科目と比べて、圧倒的に少ないです。

合格点を取るためのポイントは、「ミスを減らすこと」です。

その理由は小論文の採点方式にあります。

あらゆる試験の採点方式は、「加点方式」「減点方式」に大別されます。

加点方式とは、良い点を見つけて点を付け足していく採点方式です。

例えば、面接は加点方式で採点されます。

「他の受験生よりも優れた回答をしたからプラス点」といったように採点されます。

減点方式とは、悪い点を見つけて点を引いていく採点方式です。

つまり、「誤字脱字があるのでマイナス点、原稿用紙の使い方が間違っているのでマイナス点、論理が矛盾しているのでマイナス点……」といったように採点されます。

小論文は後者で示した減点方式で採点されます。

加えて、小論文の特徴として満点を狙うことは極めて難しいです。

その理由は、小論文では完璧な答案（矛盾点のない論）を書くことは至難の技だからです。

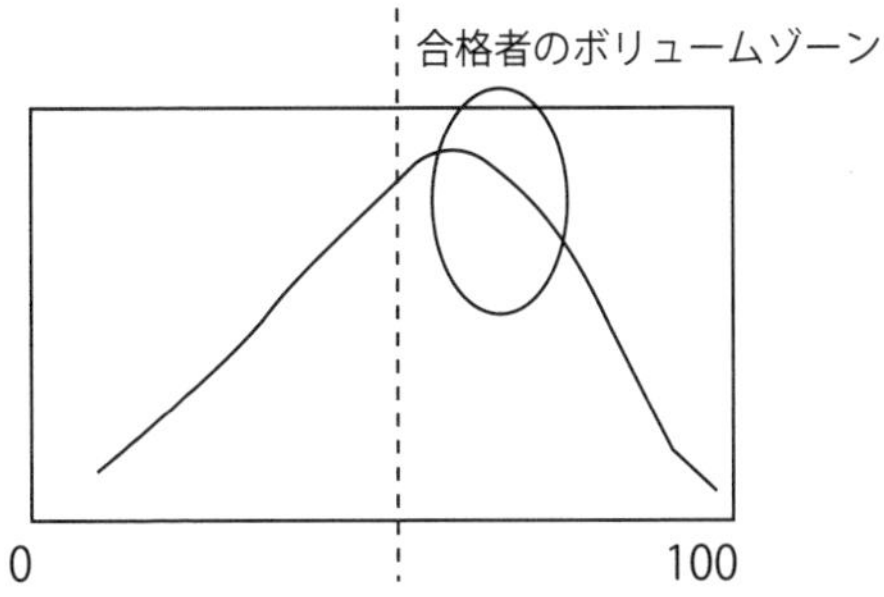


合格者の分布

中には、「どうせ受験するなら満点狙い」という目標の高い受験生もいますが、目的を忘れてはいけません。

あなたの目的は小論文で満点を取ることですか？

それとも、最終合格を勝ち取ることですか？

もし、小論文突破は通過点であるなら、満点ではなく、「合格点」を確実に取れるように目標を立ててほしいと思います。

## 誤解⑤ 「人と違うことを書けば良い」と思っている

実業家、ジョン・ロックフェラーは言いました。

「成功の秘訣は、当たり前のことを特別上手にすることだ」と。

「小論文は月並みであってはいけない」と思い込んでいる受験生がいますが、私は断言します。

**小論文に「オリジナリティー」は必要ありません。**瞬間的にあなたは「そんなはずはない」と思ったかもしれませんが、これは紛れもない事実です。


「人と違うことを書こう」

「誰も言っていないことを書こう」

「独創性や個性を見せよう」


そのような考えでは、自らハードルを上げているだけです。

小論文は、大学や大学院で執筆する論文とは違います。

大学や大学院の論文で求められているのは、新規性であったり、独創性であったりします。

しかし、小論文では、そのようなオリジナリティーは一切と言って良いほど求められていません。


また、小論文は雑誌の見出しやバラエティー番組の企画タイトルとは違います。

一瞬で惹かれるキャッチコピーのような論を書く必要はありません。

むしろ、そのようなごく一部の人しか賛同しないような極論は好まれません。

インパクトを追求するのではなく、無難に徹するのです。

採点官が重要視しているのは、次のような点です。


「論理的な文章が書けるか」

「時間内に答案をまとめられるか」

「ミスの少ない答案が書けるか」

これらがしっかり書けていれば、間違いなく小論文で勝つことができます。

「人と同じことを書いても小論文は突破できる」ことを覚えておいてください。

## 誤解⑥「筆者の意見に迎合すれば良い」と思っている

小論文の出題形式の中には、まずは筆者の主張を読んだ上で、あなたの論を展開するパターンがあります。

このような場合、筆者の意見に迎合することが無条件に良いことだと勘違いしている受験生がいます。

たしかに、筆者の意見に反対することは勇気のいることかもしれませんし、迎合しているほうが簡単そうに思えるかもしれません。

しかし、だからと言って筆者の意見に迎合することは必ずしも得策とは言えません。

筆者にごまをすったところでプラスには働かないのです。

逆に言えば、筆者の意見に反対してもまったく問題はないということです。

本質は、筆者の意見がどうかではありません。

**大事なことは、あなた自身が首尾一貫した意見を持って論じることです。**

その結果として、筆者と同じ意見であるか、異なる意見であるかは、どちらでもいいのです。

あなたが賛成か、反対かに価値があるのではなく、どちらを主張しても評価は変わりません。

それよりも、首尾一貫した意見を論理的に展開していることが大事です。

筆者の意見にあえて合わせようとすることで、論点がブレて、小論文が書きにくくなってしまうのであれば、それはまさに本末転倒です。

## 誤解⑦ 「自分の本音」を書けば良いと思っている

小論文では自分の考えを書く必要がありますが、それが、「本音」である必要はありません。

出題者はあなたの本音を知りたいのではなく、論理的な文章が書けるかどうかを見たいのです。

□論理的な文章が書けるか
□時間内に答案をまとめられるか
□ミスの少ない答案が書けるか

このような力を見ているのです。
ですから、一貫した論を展開できる考えを書くべきです。
例えば、次のような課題が出題されたとしましょう。

「現代では、電子書籍が普及しつつありますが、あなたは紙媒体の本がなくなることに賛成ですか？　反対ですか？」

ここであなたは、仮に賛成が本音だったとしましょう。

しかし、反対の理由がいくつも挙がるようなら、あなたにとっては、そちらの方が書きやすいということです。

前項で、筆者の意見に対して賛成であろうが、反対であろうが、どちらでもいいと書きましたが、書かれていることが本音であろうとなかろうと、それもどちらでもいいのです。

必ずしも本音を素直に書くことが正解につながるとは限りません。

もちろん、小論文で書いた意見を実行する必要もありません。

小論文はあなたの本音を確かめる試験ではありません。

**正直に本音を書くことが、必ずしも点数につながるわけではない**ことを覚えておいてください。

原稿用紙①　テーマ「　　　　　　　　」

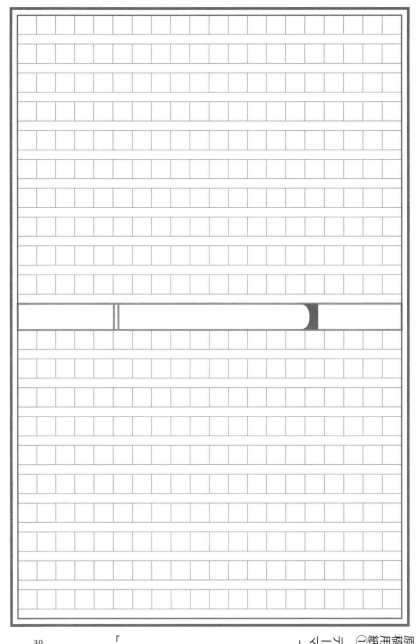

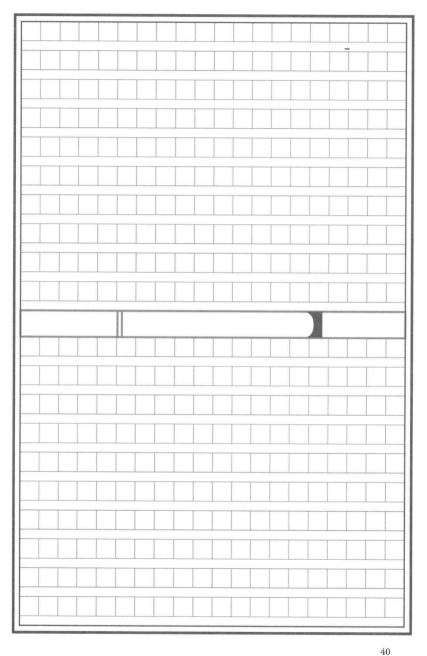

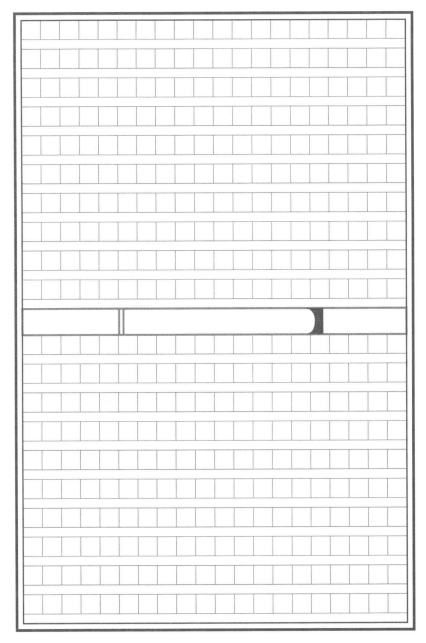

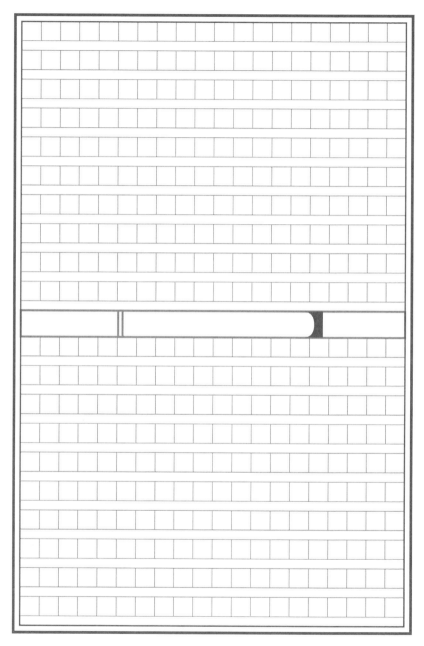

第2章

# 勝論文の「作法」

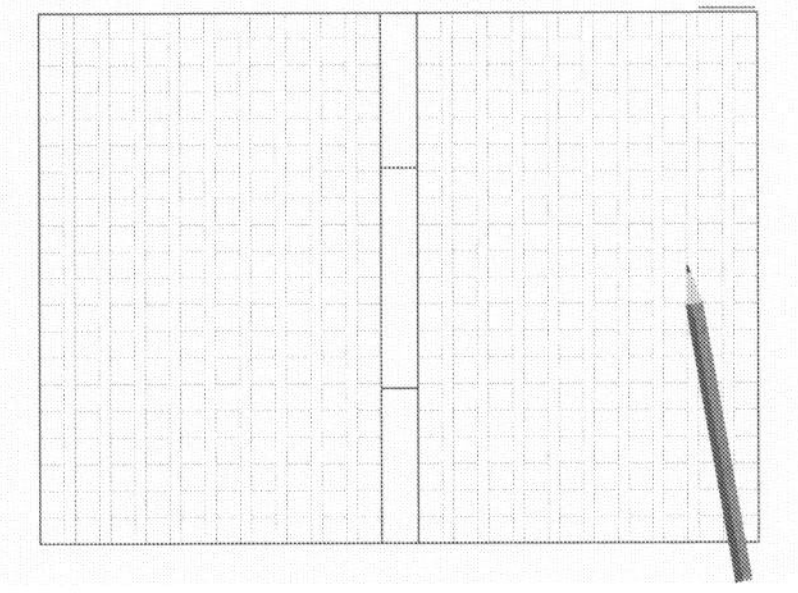

## ◆「作法」を制する者は小論文を制す

何かに取り組もうとすると、そこには必ず作法が存在します。

小論文も例外ではありません。

作法を守らないと即減点されてしまいます。

場合によっては、「一発アウト」となってしまうようなものも存在します。

「作法を制する者が小論文を制す」とも言われるくらい、勝敗に大きな影響を及ぼすのです。

そこで、ここでは、これだけは押さえてほしい基本的な作法を10個にまとめました。

作法①　原稿用紙を正しく使う
作法②　主語は「筆者」か「私」
作法③　一文は「40字以内」
作法④　適度に改行を入れる
作法⑤　「丁寧な字」で書く
作法⑥　ひらがなと漢字は「８：２」が理想的
作法⑦　基本は「だ・である」調で書く
作法⑧　カッコを適切に使い分ける
作法⑨　制限字数を守る
作法⑩　シャープペンではなく、「鉛筆」で書く

それでは、一つひとつ、見ていきましょう。

## 作法① 原稿用紙を正しく使う

原稿用紙の使い方で評価を下げるのはもったいないです。


小学生のときに習ったはずですが、意外と忘れているものです。

大学生に原稿用紙の使い方について抜き打ちでテストしたことがあります。

その結果、原稿用紙を正しく使えていた人は、なんと5人に1人でした。

もし、ルールを忘れてしまったなら、小学生のときに習った原稿用紙の使い方をもう一度復習しましょう。

小学生の作文であろうが、就活の小論文であろうが、原稿用紙の使い方は同じです。

以下は押さえておいてほしい原稿用紙の使い方です。

原稿用紙の使い方でミスしがちなポイントをご紹介します。

- □ 書き出しと段落の最初は1マス空ける
- □ 句読点は右隅につける

□行の最初に句読点や閉じカッコはつけない
□縦書きは漢数字、横書きは算用数字
□横書きの数字は1マスに2文字まで
□「?」「!」は使わない

実際、これらのポイントを押さえていないために減点されてしまう受験生は多いです。
この機会にしっかり復習しておいてください。

## 作法② 主語は「筆者」か「私」

小論文を書く際に気をつけてほしいのが「主語」です。明文を書きたいのなら、必ず主語を入れてください。主語を抜かしている文章は総じてわかりづらいだけでなく、最悪、文意を誤解される可能性もあります。

「私は〇〇だと考えている」
「彼は〇〇だと述べている」

このように、当たり前と思っても、一つひとつの文章に主語を入れるのです。
尚、主語を入れる際、一人称の表記は「私」で統一してください。
これは男女問わず守ってください。
一人称の主語にも色々な種類があります。

□小生
□拙者
□我輩
□オイドン

さすがにこれらを使う人はいないでしょう。

ですが、「僕」はありがちなミスです。

「自分」もダメです。

また、呼称にも注意が必要です。

例えば、「おじいちゃん」「おばあちゃん」といった表記は、小論文においては好ましくありませんので、「祖父」「祖母」と書きましょう。

## 作法③ 一文は「40字以内」

小論文を書くにあたって文章力は欠かせませんが、それはセンスや技能のことではありません。

あなたが文豪になりたいというのであれば、話は別ですが、小論文では、人を感動させるような名文を書く力は必要ありません。

あくまでも論理的に書くことが重要視される小論文では、**「名文」よりも一読してスッと頭に入るような「明文」であることが重要**なのです。

明文は、コツを学び、適切なトレーニングをすることによって誰でも書けるようになります。

小論文における良い文章とは、「伝わる文章」のことであり、それこそが「明文」なのです。

**明文の特徴は、とにかく短い**ことです。

短い文章はそれだけ「伝えたいこと」がクリアになっているということです。

さらに、一文を短くすることでリズムもよくなります。

リズムが良い文章は読み手の心を動かすことができます。

一文が短いので気持ち的にもどんどん読みたくなります。

逆に一文が長い文章は何を言いたいのか、サッパリ伝わりません。

ダラダラと長い文章は見ただけで読む気が失せます。

短い文章の目安は、具体的に「40字以内」です。

新聞を読んでみると、ほぼすべての文章が40字以内で書かれていることがわかります。

さらに、原稿用紙は縦書きでマス目がちょうど20字となっています。

そのため、文字数を計算しやすいというメリットもあり、私は40字以内をおすすめしています。

もし、一文が長くなり過ぎてしまったら、接続詞を使って二つの文に分けましょう。

一文は短ければ短いほどよい。

そう思っていて間違いありません。

## 作法④ 適度に改行を入れる

小論文を書く上では、入試担当者に「いかにストレスを与えないか」を常に意識することが大切です。

そのためには、適度な改行が有効です。

具体的には「3行に1回」は入れたいところです。

**改行のない志望理由書はすこぶる読みづらい**です。

特に、フォーマットが罫線の場合だと、ビッシリ詰めて書いてしまう人が多いのですが、これはいただけません。

時々、「どこで改行を入れれば良いのかわかりません」という質問を受けることがあります。

決まったルールがあるわけではないのですが、文章のまとまりごとに入れるなど、規則性を重視しましょう。

**いい加減な段落の分け方をすると、減点の対象**となります。

また、一つの段落は最低二文以上で構成してください。

そもそも、改行を入れる理由とは、「読み手が文章を理解しやすくするため」に他なりません。

よって、パッと見の読みやすさも大事です。

その意味では、改行した結果、行の半分以上が空白になってしまうようであれば、改行の位置を再考したほうがよいでしょう。

そのような改行が続くと、スカスカのイメージを与えるからです。

全体のバランスを見ながら改行をうまく取り入れてください。

## 作法⑤「丁寧な字」で書く

「私は字が上手くないので、減点されないか心配です……」


不安そうな顔でそう相談に来る受験生がいます。

安心してください。

字の上手い下手は合否に関係ありません。

**キレイな字よりも、評価されるのは「丁寧な字」**です。

「殴り書き」なんてもってのほかです。

「止め跳ね」がきちんとできているかなども採点官によっては細かくチェックされます。

「楷書」で書いてください。

略字や続け字は厳禁です。

これらができていなければ、採点官の読み間違いも起こりやすくなり、間違いなく減点対象になります。

丁寧な字を書いたからといって、加点されるわけではありませんが、同じレベルの答案が並べられていれば、印象点が上がります。

字の大きさにも注意してください。

字が小さすぎると、読みづらくなります。

大きめの字で書く意識を持つといいでしょう。

字の乱れは心の乱れ。

上手くなくても構わないので、自分史上最高に丁寧な字で書きましょう。

## 作法⑥ ひらがなと漢字は「8：2」が理想的

明文はうまい具合にひらがなと漢字の分量が調整されています。
漢字とひらがなで適度なバランスが保たれていると、読みやすい上に、見た目にも美しいです。

「明後日の新入生歓迎会では、各学部の集合場所に目印が無い所もある為、場合に依っては定刻通りに集まる事が出来ない人が出ると思う」

このように漢字だらけの文章が書かれていたらどうでしょう？
読みづらいですよね。
また、逆にひらがなだらけの文章もすこぶる読みにくいです。

「あさってのしんにゅうせいかんげいかいでは、かくがくぶのしゅうごうばしょにめじるしがないところもあるため、ばあいによってはていこくどおりにあつまることができないひとがでるとおもう」

これではいずれも、相手は読む気になりません。

どれくらいがちょうど良いのかというと、「8：2」が理想的です。

せめて、次の文章くらいには漢字を減らす必要があるでしょう。

「明後日の新入生歓迎会では、各学部の集合場所に目印がないところもあるため、場合によっては定刻通りに集まることができない人がでると思う」

このくらいの比率であれば、相手も読みやすいと思います。

もちろん、絶対にその比率でなければならないということではありません。

すべての文章がキレイに8：2で書けるはずもないので、あくまでも目安として捉えてください。

「少し漢字が多いかな」と感じたら、意図的にひらがなにしてみましょう。

## 作法⑦ 基本は「だ・である」調で書く

文体には、次の2種類があります。


「常体」

「敬体」


前者は「だ・である調」、後者は「です・ます調」と呼ばれるものです。

では、小論文の場合、どちらで書くのが正しいのでしょうか?

答えは「どちらも正解」です。

大事なことは、小論文全体を通じて文体を揃えることです。

前半は「です・ます調」で書いていたのに、後半から「だ・である調」に変わるなどしたら、減点対象となります。

意識的に文体を変える受験生はいないでしょうが、部分的に「うっかり文体を混在させてしまった」というミスをしてしまう受験生は多いので注意してください。

ちなみに、一般的には「だ・である調」で書くことがより好ましいとされています。カチッとした印象を与え、論文らしく見えるからでしょう。

「だ・である調」で断言することで、自信も伝わります。

その上で、私は相手によって文体を変えることを推奨しています。

仮に、大学入試であれば、学部によって文体を変えるのです。

例えば、看護医療学部のような「優しさ」「丁寧さ」が求められる学部では、あえて「です・ます調」で書くことによって、それらの能力、適性をアピールできるでしょう。

法学部のような論理的な思考が強く求められる学部では、やはり、「だ・である調」で書いた方が採点官の印象は良いのではないかと思います。

文章を書くときの基本である「誰が読むか」を意識して文体を検討してみてください。

## 作法⑧ カッコを適切に使い分ける

あなたは適当にカッコを使っていませんか？
カッコにはいくつかの種類がありますが、小論文で使うカッコは基本的に次の2種類です。

①「　」
②『　』

①は「カギカッコ」と言います。
文章では会話を表現するために使われます。

〔例〕小論文について誤解している人は、「早く書かなければ……」と試験開始の合図とともに焦って書き出します。

また、引用を示す際や、強調する際にも登場します。

〔例〕実業家、ジョン・ロックフェラーは言いました。「成功の秘訣は、当たり前のことを特別上手にすることだ」と。

〔例〕合格点を取るためのポイントは、「ミスを減らすこと」です。

文章中で使われる頻度は高いため、あなたも慣れ親しんでいるカッコだと思います。

②は「二重カギカッコ」と言います。

こちらはカギカッコの中で使われます。

〔例〕つまり、小論文とは、「あなたの『意見』と『理由』をセットで答える文章のこと」と定義できます。

また、タイトル名、作品名を表記する際にも用いられます。

〔例〕小杉樹彦著『減点されない！勝論文』

**カッコの使い方一つでも減点になりかねません**ので、適切に使い分けましょう。

## 作法⑨ 制限字数を守る

字数を守るのは小論文の大原則です。

これが守れないようでは、最悪の場合、一発アウトになってしまう恐れもあります。これまでの努力が一瞬にして水の泡となってしまいますので、十分に気をつけなければいけません。

ひょっとしたら、高校などで「8割ルール」などといって、原稿用紙の8分目まで埋めれば減点されないと教わったことがあるかもしれません。

しかし、**「8割埋めれば減点されない」は大ウソ**です。

できる限り、指定の文字数ピッタリに近づけるように回答しましょう。

また、文字数指定には次の3つの場合もあります。

「〜字以内」
「〜未満」
「〜程度」

「〜程度」の場合、誤差が許されるのはどのくらいの範囲でしょうか？　と受験生からよく質問されるのですが、具体的には次の通りです。

１０００字未満の場合、「±50」

１０００字以上の場合、「±100」

私はこれを「１０００字ルール」と呼んでいます。

例えば、「８００字程度で書きなさい」という指定があれば、７５０〜８５０字で答案を書き上げます。

また、「１０００字程度で書きなさい」という指定があれば、９００〜１１００字で答案を書き上げます。

ちなみに、「８００字以内」の場合、７４９字でも減点はされないでしょうが（±50字はあくまでも目安）、８０１字は「以内」という制約を超えてしまっているので減点対象になります。

これが「８００字未満」の場合、７９９字まではセーフ、８００字はアウトになります。

たかが１文字。

されど１文字。

たった1文字で天国と地獄に分かれます。字数指定は厳守してください。

## 作法⑩ シャープペンではなく、「鉛筆」で書く

小論文は鉛筆で書くのが基本です。

言うまでもありませんが、色ペンやラインマーカーは使ってはいけません。

小論文はあくまでも「文章」で評価されるものであって、目を引くビジュアルで評価されるものではないからです。

また、正式な文書はペンで書くのが基本ですが、小論文の場合、試験中に書き上げる書類ですので、ペンで書いてしまうと修正ができません。

実際、一度も書き直しをしないで答案を完成させることはできないでしょう。

また、シャープペンで書こうとする受験生がいますが、おすすめできません。

私が鉛筆で書くことを推奨する理由は、強く素早く書けるからです。

シャープペンの場合、鉛筆と比べて芯が細いため、書いている途中で何度も折れてしまいやすいです。

その他にも私が鉛筆で書くことをおすすめする理由があります。

それは採点官があなたの小論文をコピーして読むからです。

私は大学教員として、多くの大学受験生の小論文試験を採点してきました。

その際、決まって複数の採点官が同時に小論文を読みます。

そのためにも、コピーをして目を通すのです。

コピーをすると、自筆よりも薄くなってしまうことがあります。

昨今のコピー機は性能が上がったとはいえ、筆圧が弱いと、コピーに反映されないこともあるでしょう。

字が薄いと読みづらくなると同時に、印象も薄くなります。

その点、鉛筆なら比較的濃く書くことができます。

鉛筆のベストな濃さは「HB」もしくは「B」です。

試験当日だけ使おうとすると、うまくいきません。

ぜひ、日頃から慣れておいてください。

そして、当日は予備として5～6本の鉛筆を持って行くことをお忘れなく。

原稿用紙②　テーマ「　」

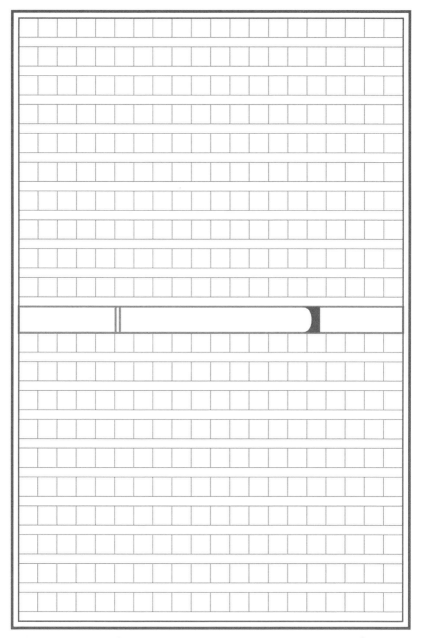

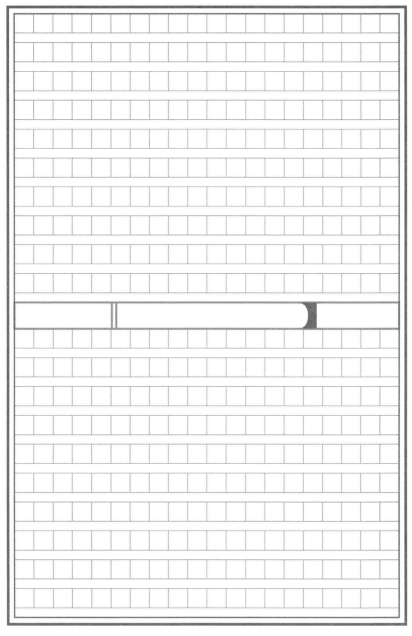

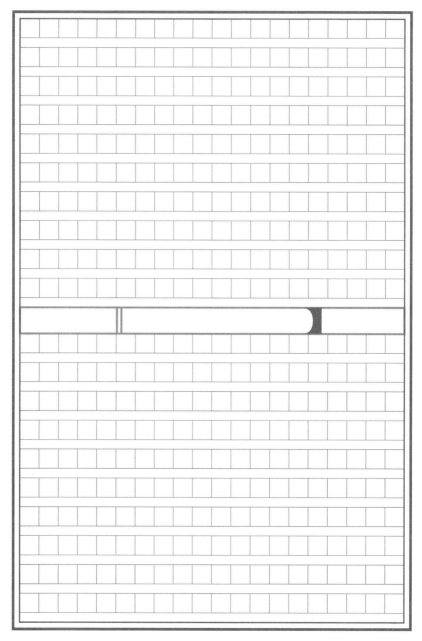

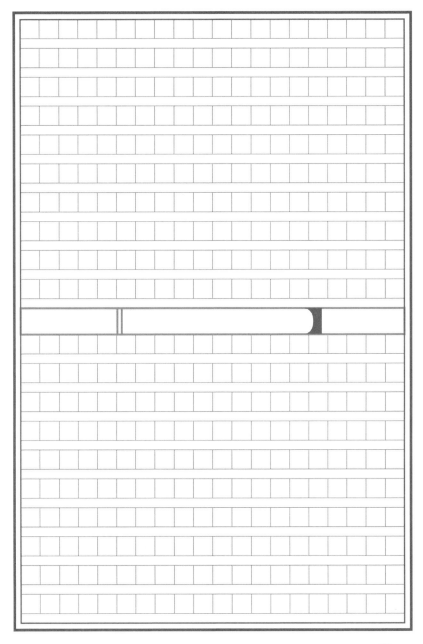

第3章

# 勝論文の「書き方」

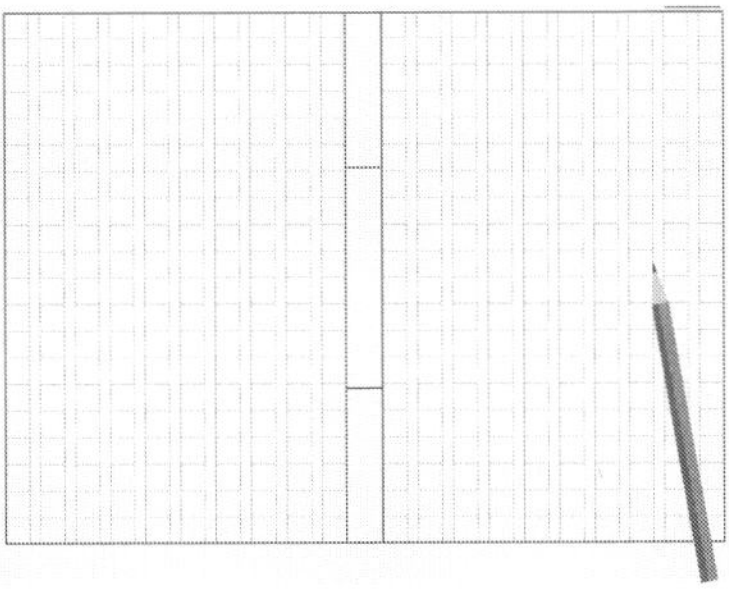

# ◆減点されない書き方には型がある

小論文では、いかに減点されないかが大切だとお伝えしました。

では、減点されないためにはどうすれば良いのでしょうか？

**その答えは、「減点されない書き方」を身につけることです**。

勝つ小論文には型があります。

この型をマスターすれば、減点を防ぐことができます。

その型こそ、「ダイヤモンドメソッド」です。

ダイヤモンドメソッドは、特定の試験に限定されず、ＡＯ推薦入試から就職、公務員試験まであらゆる小論文に対応できます。

ところで、あなたは「守・破・離」という言葉を聞いたことがあるでしょうか？

もともと、武道や茶道で使われていた言葉です。

具体的には、次の３つのステップに分かれています。

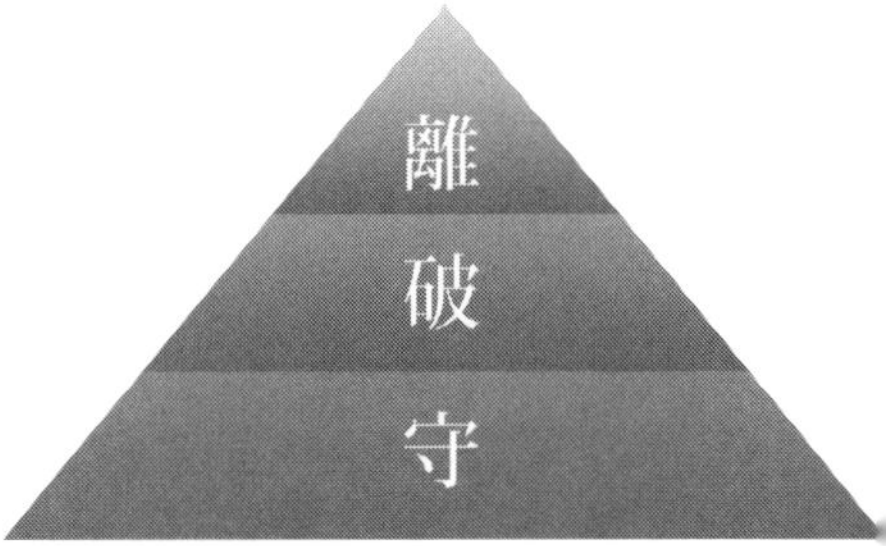


第1ステップとなる「守」とは、先生が教えてくれる「型」をマスターする段階。
第2ステップとなる「破」とは、基本となるその型にアレンジを加える段階。
第3ステップとなる「離」とは、型を離れ、まったく新しい「自分流」を確立する段階。

あなたも勝論文を書きたいのなら、小論文を勝ち抜いた先輩が学んだ型、ダイヤモンドメソッドを確実にマスターすることが大事です。

この章では、ダイヤモンドメソッドについて詳しくお伝えしていきます。

## ◆ダイヤモンドメソッドは「三部構成」

ダイヤモンドメソッドの構成についてお伝えします。

構成とは、何をどの順番で書くかということであり、勝つ小論文を書く上で、極めて重要な意味を持ちます。

ダイヤモンドメソッドは三部構成で成り立っています。

具体的には次の通りです。

第一部：結論
第二部：理由
第三部：展望

ひし形に見えるので、私はこの型を「ダイヤモンドメソッド」と名付けました。

小論文全体に占める各パートの割合は、おおよそ次の通りです。

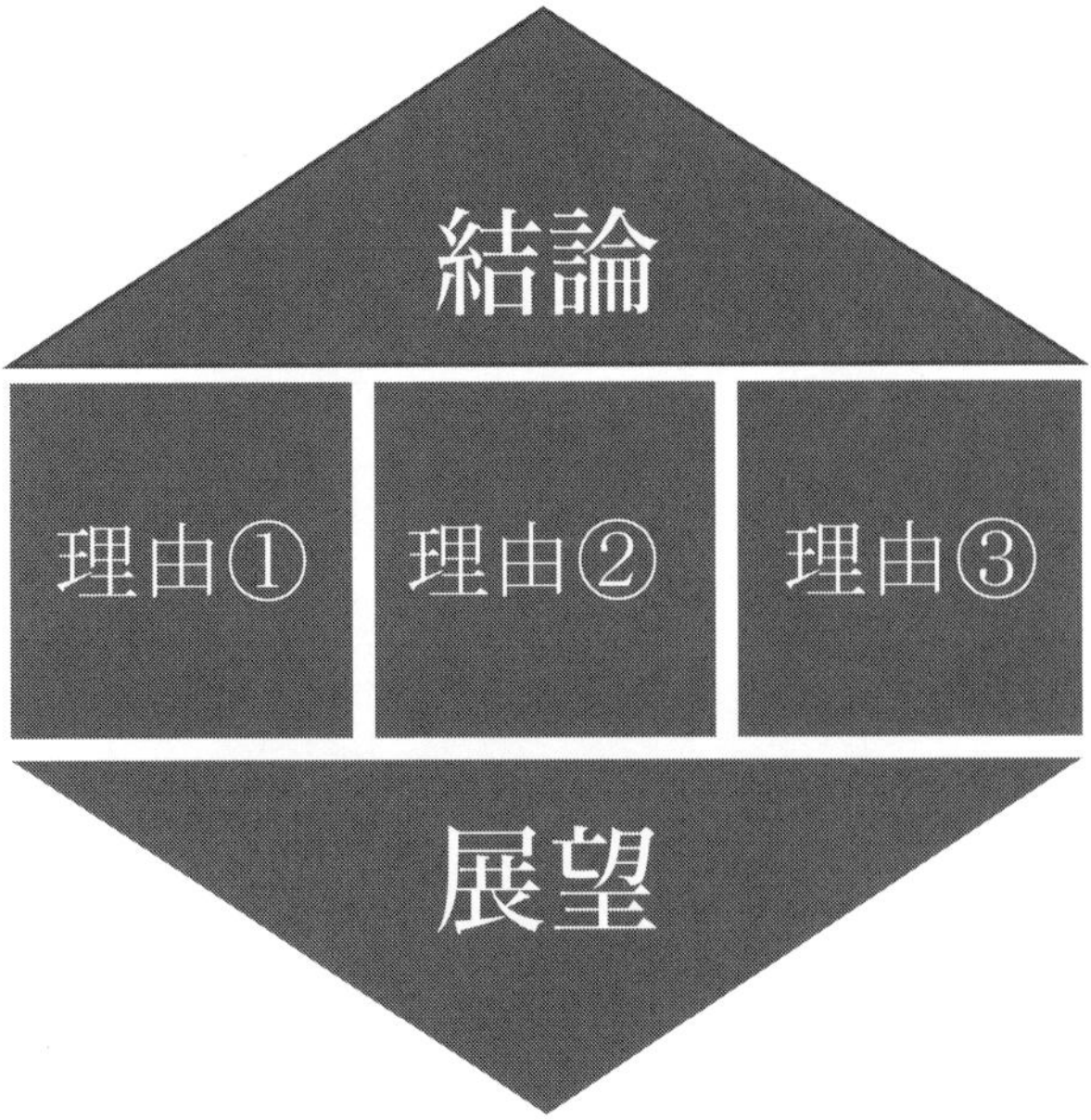


ダイヤモンドメソッド

第一部：15〜20％程度
第二部：50〜60％程度
第三部：15〜20％程度

小論文に説得力を持たせる核となるのは「理由」のパートになります。

全体に占める割合についても注意を払ってください。

## 【第一部】結論

第一部の「結論」についてお伝えします。
小論文の書き出しでつまずかないために簡単なコツがあります。
それは**「設問をオウム返しすること」**です。
これならきっと誰でもできるでしょう。
難しいことを考えずに、一文目はまず設問をそのまま書き写せば良いのです。
そっくりそのままで結構です。
そうすることで、設問に対して的確に答えることができます。

「ワンパターンに見られるのではないか」
「面白みがないと思われるのではないか」

そのように不安視する人もいるかもしれませんが、それだけでは減点対象になりません。

設問をそのまま反映させているので、凝った書き出しも必要ありません。

「守・破・離」でもお話したように、慣れるまでは徹底的に「守」に忠実になってください。基礎が身についていない状態で自己流のアレンジを加えようとすると失敗の元です。

設問のオウム返しからスタートしたら、次に早速、「結論」を書きましょう。

最後まで読まないと結論がわからない小論文は好ましくありません。

勝論文は読み始めてすぐに明快に結論が伝わります。

第一部を書く際は、「結論ファースト」を絶対に忘れないでください。

また、その際、結論は歯切れよく伝えましょう。

受験生の小論文を添削していると、賛成とも反対とも言えない、「どっちつかず」の結論を書いている人を見かけます。

このような曖昧な書き方は大きく減点されます。

## 【第二部】理由

第二部の「理由」についてお伝えします。

すでにお伝えしたように、小論文に説得力を持たせる核となるパートです。

このパートの良し悪しが、小論文の評価を分けます。

**結論に対する理由は必ず「三つ」書いてください。**

一つでは足りないですし、四つも五つもあると多すぎます。

三つがベストなのです。

私はこれを「椅子の理論」と呼んでいます。

１本脚では立ちません。

２本脚でも安定しません。

３本脚があって、やっと椅子としての機能を果たすのです。

コンサルタントも著名な講演家も、「伝える」ことを仕事にする多くの人が理由は三つ挙げるようにしていると言います。

あなたの身の回りの伝え上手な人も理由は必ず三つ挙げて説明しているはずです。

「三つの理由」は勝論文の鉄則だと覚えておいてください。

理由を書く際は、「なぜなら、〜」「その理由は、〜」といった文言で書き出します。

その際は、呼応表現に気をつけてください。

つまり、文末は「〜だから」で終えるということです。

こういった呼応表現ができていない人がいますが、これは減点対象になります。

ちなみに、理由を書く際には、効果的な順番があり、インパクトの強いものから順に「後」に持ってくると説得力が上がります。

| |
|---|
| 3番目にインパクトのある理由<br>←<br>2番目にインパクトのある理由<br>←<br>最もインパクトのある理由 |

逆に徐々に説得力の弱い理由が挙げられると、尻つぼみの印象を与えてしまいます。

前述のような書き方をすれば、読み手を飽きさせず、最後まで惹きつけることができるでしょう。

## 【第三部】展望

第三部の「展望」についてお伝えします。

このパートはズバリ、小論文の〆になります。

ここまで書いたら、勝論文の完成は目前です。

それにも関わらず、「ここには何を書けば良いのか困る」という受験生は多いです。

仮に、続きが何も思い浮かばなかったとしても、本論と関係のない内容を書いてはいけません。

そのような方法で文字数だけを稼いでも減点対象になるだけです。

「書くべき内容がなかったのだな」と、採点官にはお見通しです。

ここで書くべき内容は大きく次の二つです。

□まとめ
□今後の展望

まとめについては、第一部で述べた結論をもう一度、表現を若干変えて伝えます。

**このときに、最初と最後で意見が違ってしまっては小論文として失格です。**

その上で、今後の展望について触れてみましょう。

今後の展望については、第一部、第二部を踏まえて、将来の抱負について書きます。

□課題に向けて身近にできることを述べる
□将来的に達成すべき目標を設定する
□これからの社会動向について考察を述べる

こうした内容です。

ただし、繰り返しますが、関係のないことで字数を埋めてはいけません。

いくら抱負といっても、感情を前面に押し出した「気合い系」の文章は歓迎されません。


「これからも頑張ります」

「よろしくお願いします」

このような意気込みや挨拶文はマイナスです。
最後の一行まで説得力のある文章で埋めるように努めましょう。
スッキリとしたまとめを書くことができると、小論文全体が引き締まります。

## ◆書き出す前に「賛成・反対メモ」を作成する

試験開始の合図とともに「見切り発車」で書き出す受験生がいます。

それでは、勝論文は書けないでしょう。

文章を書き出す前には必ず構成を考えてください。

具体的には「賛成・反対メモ」を作成してください。

それをすることで、試験中に滞りなく書き進めることができます。

小論文では本音を書く必要はないと前にもお伝えしましたが、賛成で書くか、反対で書くか、立場が決まらないと書き出すことができません。

そこで、次のページのように賛成・反対メモを作成するのです。

簡易的なメモですので、試験中でもすぐに書けるはずです。

賛成の理由、反対の理由をそれぞれ箇条書きで結構ですので、五つ挙げてみてください。

その中から、実際に小論文として書くのは三つです。

最低でも三つ挙げられないものは意見として小論文に書けません。

| 賛成意見 | 反対意見 |
| --- | --- |
| ◆ (______) | ◆ (______) |
| ◆ (______) | ◆ (______) |
| ◆ (______) | ◆ (______) |
| ◆ (______) | ◆ (______) |
| ◆ (______) | ◆ (______) |

賛成・反対メモ

例えば、賛成の理由は二つしか挙がらなかったけれど、反対の理由なら五つ出せたとしましょう。

その場合、反対の立場で小論文を書いたほうが、あなたにとって書きやすいということです。

では、賛成で出した二つの意見は使わないのかというと、そんなことはありません。後ほど紹介する「たしかに、〜しかし、〜」というテクニックを用いる際に使いますので、メモは消さずに残しておいてください。

カッコの中には、前述した理由出しのコツに従って、伝える順番を入れてください。

## ◆「意見を述べよ」も「賛成・反対」に問い直す

前項で「賛成・反対メモ」について紹介しました。

「ちょっと待ってください！　課題が賛成か反対かが問われるものでなかったらどうすればいいのですか？」

そんな声も聞こえてきそうです。

実際、「あなたの意見を述べよ」という形式で問われる課題もあります。

それでも大丈夫です。

答えは簡単。

その場合も自分なりに問いを立てて、「賛成・反対」に問い直せば良いのです。

例を示しましょう。

「学校教育におけるＡＩの活用について、あなたの考えを述べてください。」

このような課題が出題されたとします。
この場合、賛成・反対に問い直すとすると、次のような問いが考えられます。

「昨今、学校教育においてＡＩが活用されつつあるが、果たしてそれは生徒の成長にとって、プラスに働くのだろうか。それともマイナスになるのだろうか。私は学校教育におけるＡＩの活用に賛成である。」

いかがでしょう。
イメージは掴めましたか？
小論文の神様と呼ばれる樋口裕一氏（多摩大学名誉教授）は、多くの著作の中で次のように述べています。

「小論文とは、ある問題に対して、イエスかノーかを答えるもの」

設問形式がどうであれ、あなたが賛成・反対で論じられるように自ら問いを立ててみてください。

## ◆「要約」には手順がある

小論文試験の中で「要約」が課されることがあります。

要約とは、文章の要点を短くまとめたものです。

これを課す主な目的は、課題文をしっかり理解できているか、受験生の文章理解力を見るためです。

要約には手順があります。

**正しい要約の仕方を身につければ、減点は防げます。**

具体的には次の４ステップで要約を行います。

ステップ①　課題文に目を通し、全体像を掴む
ステップ②　各段落の重要文をチェックする
ステップ③　②から筆者の意見のみを抽出する
ステップ④　③をつなぎ合わせて文章を整える

それぞれのポイントについて解説します。

ステップ①について、繰り返し出てくる単語については印を付けておきましょう。また、初めから一気に全体を要約しようとしないことです。一読して、大まかな展開を把握するように心がけてください。

ステップ②について、段落のない文章の場合、まずは段落に分けることからスタートしてください。段落を分ける際は、それぞれ役割、意味を持ってまとまっているか意識してください。その上で、中心文をしっかりと見極めてください。

ステップ③について、具体例や体験談を挙げている部分は除きましょう。もちろん、あなたの考えや感想を加えることも厳禁です。

ステップ④について、課題文の論理展開に沿った内容にすることを意識してください。文章の切り貼りではなく、課題文を読んでいない人でもわかるように書きましょう。課題文の筆者になりかわって書くのがコツです。

ちなみに、「200字以内」の要約であれば、段落分けは不要です。冒頭の1字下げも必要ありません。

小論文で勝つ人は、一連の手順を遵守しています。

どのような課題であっても、この手順に従ってください。

原稿用紙③

テーマ「　　　　　　　　　　」

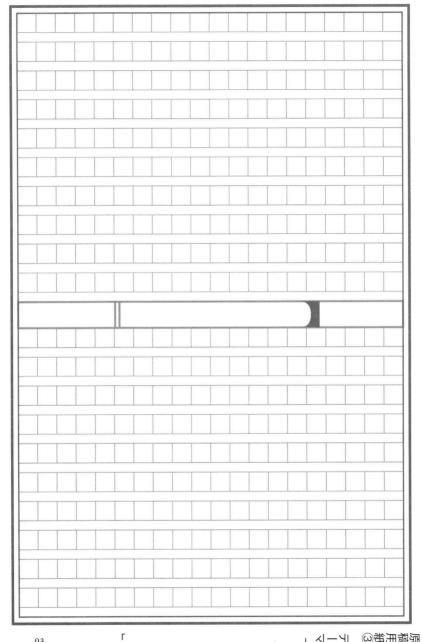

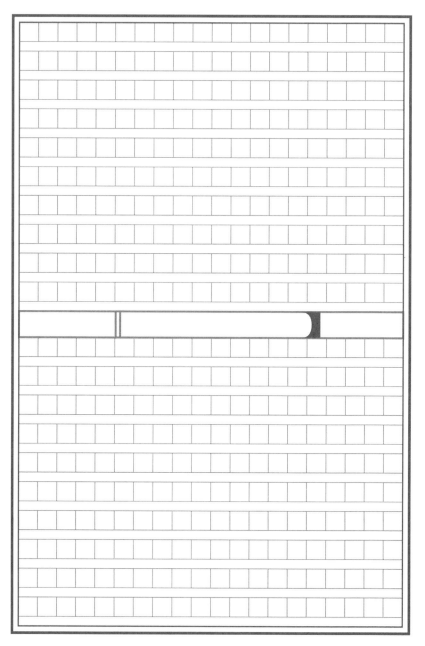

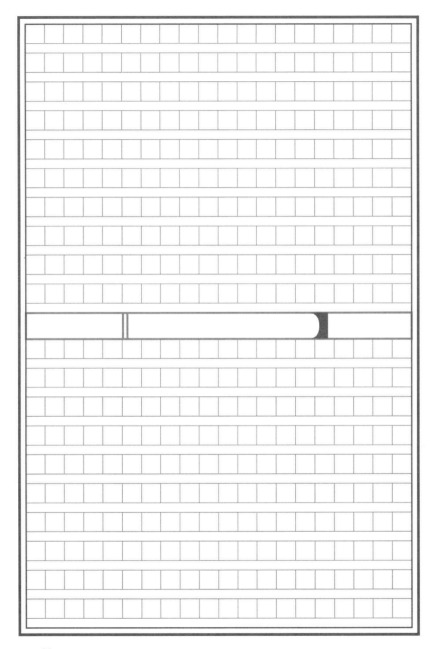

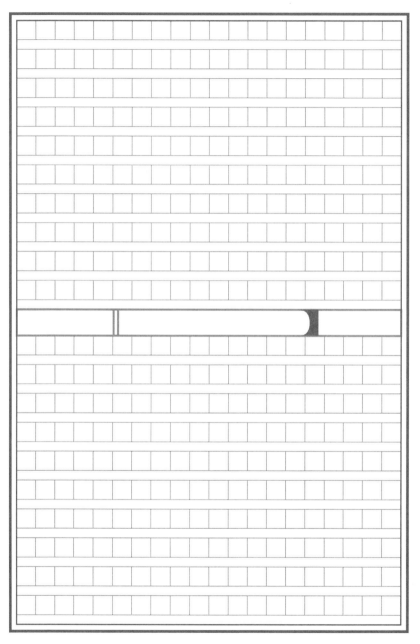

# 第4章
# 勝論文の「磨き方」

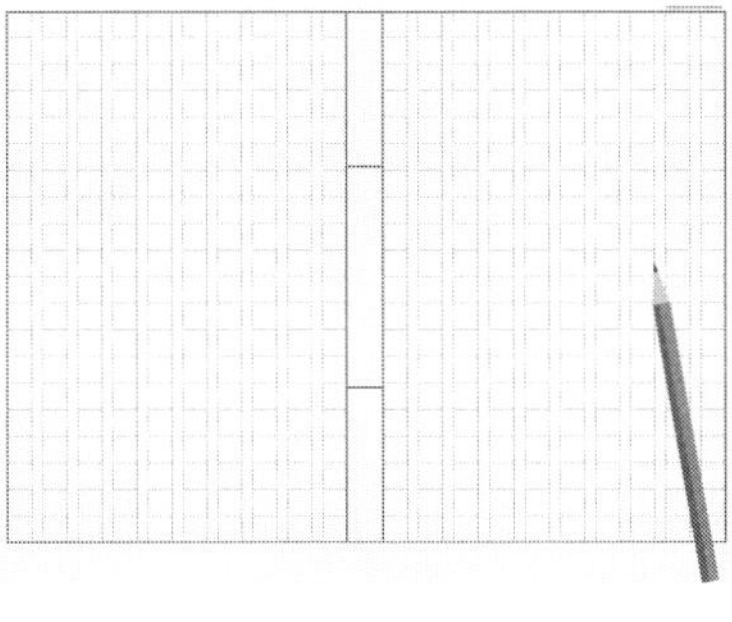

## ◆質は「量」の中から生まれる

**小論文は受験生にとって、「コスパの良い試験科目」**だと思います。

インプットしなければいけない量は、他の試験教科と比べて圧倒的に少ないにも関わらず、比較的短期間で合格点に到達することができるからです。

何種類も書き方のパターンを覚える必要はありません。

何千もの単語を丸暗記する必要もありません。

最低限度、覚えておかなければいけないことはこの本1冊にまとめられています。

それらをマスターしたら、あとは演習を重ねるのみです。

**小論文は「習うより、慣れよ」**です。

小論文で勝とうと思ったら、量を積むしかありません。

最初からミスのない小論文が書ける人などいません。

何度も推敲し、失敗から学ぶことによって、ミスは減り、次第に質が向上していきます。

よって、勝論文を書くためには、圧倒的な演習量がものをいいます。

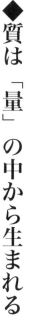

結局、1題でも多く小論文を書いた人が伸びるのです。
ただし、闇雲に演習を積んでも小論文の力は伸びません。
それには実力の正しい「磨き方」が存在します。
小論文を効果的に上達させる術を知らない受験生は多いです。
ここでは、小論文の効果的な磨き方について解説していきます。

## ◆短期間で飛躍的に点数を上げる演習法とは？

受験生なら誰しも短期間で飛躍的に点数を上げたいはずです。
そのためには、効果的な演習が欠かせません。
効果の出ない演習を延々と行っていても時間の無駄です。
多くの受験生にとって、無駄な演習を行っている時間的余裕などないはずです。
では、集中的にこなすべき演習とは、何でしょうか？
それは次の問題演習です。

①過去問題
←
②予想問題
←
③類似問題

この三つの演習がテッパンです。

騙されたと思ってやってみてください。

他の演習は必要ありません。

それだけで飛躍的に点数が上がります。

過去問題は、最低でも5年分は解きたいところです。

できれば10年分解けると、完全に傾向を理解できます。

予想問題は、大学入試などであれば、書店などで確実に手に入りますので、過去問が一通り終わった段階で、ぜひチェックしてみてください。

類似問題は、①②が終わったら取り組んでください。

何年分を解くかは、受験生の状況によります。

他の試験科目との兼ね合いをみながら、スケジュールを立ててほしいと思います。

## ◆「添削」で伸びる人、落ち込む人

小論文を書き上げたら、添削を受けましょう。
書きっぱなしにしていては、上達は見込めません。
さて、ここで添削を受けて「伸びる人」と「落ち込む人」に分かれます。
なぜ、このような差がついてしまうのでしょうか？
それは添削の「受け方」に問題があるからです。
むやみやたらと添削を受けても小論文の技術は向上しません。
それどころか、間違った添削の受け方をすることで、伸び悩んでしまうのです。
結果、時間と労力を無駄にすることになります。
**勝論文が書ける人は例外なく、正しい添削の受け方を身につけています。**
そこで、まずその前提として大事となるのが、「添削者選び」です。
適切な添削者にお願いしましょう。
お願いする相手を間違えると命取りになります。

次の３つの条件を満たしていることが重要です。

① 文章能力
② 添削経験者
③ 課題テーマの専門性

①について、当たり前ですが、添削をするには、添削者自身も相応の文章力が必要です。
②について、やはり、過去に添削経験のある人は安心感が違います。
③について、課題テーマに精通していることも必要条件です。

これらを加味して、添削者を選んでみましょう。

もし、身近にこのような人がいなければ、有料にはなりますが、塾や予備校に通う、添削サービスを利用するというのも一つの手でしょう。

ぜひ、検討してみてください。

## ◆添削は「2回1セット」が基本

添削において推敲も重要です。

添削を受けても伸びない人には共通点があります。

それは1往復で終わりにしてしまっている点です。

あなたも添削をお願いしたとき、1回だけ見てもらって終わりにしていないでしょうか？

それでは伸び悩んでしまっても仕方ありません。

添削は「2回1セット」が基本となります。

なぜ、1回ではダメなのでしょうか？

その理由は、1回の添削では添削者の意図を理解できていない可能性があるからです。

中には、添削者の意図を勘違いして修正してしまう受験生もいるでしょう。

本人は指摘通りに直しているつもりなのでしょうが、誤った理解のため、うまく修正できていないという問題です。

それが1回見てもらっただけでは伸び悩む人が出てくる理由です。**1回目の添削を受けて修正をしたら、2回目は前回の指摘内容が正しく修正できているか確認**してもらいましょう。

そのためにも、時間に余裕を持って行動することが求められます。

添削に使ってもらう時間は、最低でも1週間はみておきたいです。

「明日までに添削してほしいのですが、大丈夫でしょうか？」などとお願いに来ている受験生を見ると、なんとも失礼でマナーがなっていないと感じます。

早めに出せば、もしかしたら、他の人よりも多くの回数を添削してもらえるかもしれません。

基本的に複数の添削依頼を受けている場合、先着順に添削していくはずです。

その際、添削者への「ありがとうございました」という感謝の言葉を欠かさないようにしましょう。

人として当然のマナーです。

## ◆添削はどれくらい受けるべき?

添削は1回1回の「質」が大切です。

ですから、「何回受けるべきか」という質問は的を射ているとは言い難いです。

100回受けても、200回受けても、効果的な添削でなければ意味がありません。

むしろ、貴重な時間の無駄遣いです。

その上で、あくまでも意義のある添削ということが前提で、目安を知りたいということであれば、1本の小論文に対して3回くらいと考えてください。

また、添削者は最低でも2名以上にお願いしたいところです。

それは客観性を担保するためです。

医療の世界では、「セカンドオピニオン」といって、患者が担当医以外の医者に「第二の意見」として治療法などを聞きに行くことがあります。

専門家同士でも意見が異なることはしばしばあります。

それは小論文の添削でも然り。

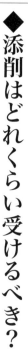

複数の専門家から意見を聞くことで、より客観的に小論文を評価してもらうことができます。

ただし、複数の人から添削を受けたことで、逆に不安になってしまう人もいます。

それぞれの指摘内容が違う場合です。

両者に対して、「一理ある」と感じたときに大切なことは、**添削者の意見に振り回されない**ことです。

自分の考えをしっかり持ちましょう。

信頼できる人に添削はお願いしても、最終的な判断まで委ねてはいけません。

どちらの指摘がより今の自分にとって優先すべきなのか、あなた自身が熟考してください。

**「最後に『自分』を信じられる人」**

**それが小論文で勝つ人です。**

## ◆添削済みの答案はファイリングする

あなたは添削が終わった答案はどのように整理していますか？
「グシャグシャになって、整理できない」という人がいるでしょう。
はたまた、「もういらない」と捨ててしまう人もいるでしょう。
確かに、「添削済みの小論文が山のように溜まってしまって、足の踏み場もない……」
という状況は困りものです。
ですが、それでも整理せずに捨ててしまうのは得策とはいえません。
添削が終わった答案は、捨てずに保管しておきましょう。
ファイリングしておけば、後で見返すことができます。
何より、ファイリングのメリットは、必要な情報を素早く取り出せる点です。
ファイリングは2種類に分けると良いでしょう。
一つは、現在進行中で添削を受けているもの。
もう一つは、すでに合格点をもらえたもの。

前者については、常に持ち歩いてください。

第1稿から合格点をもらうまでのすべての答案をまとめておくことで、これまでの助言を振り返りながら推敲することができます。

後者については、保存用のバインダーにファイリングしましょう。

今後、答案が増えて行くことを考えると、自身で穴を開ける手間はかかりますが、レバー式よりも二穴式が好ましいです。

このファイルには小論文に関する資料全般を保存しておくと良いでしょう。

その際、紙のサイズがバラバラになると扱いにくくなりますので、Ａ４サイズに統一しましょう。

こうして一元管理することで、あなただけの小論文データベースを作り上げてください。

きっと最後には、自分自身の成長の証として実感できます。

小論文で勝つ人は、ファイリングを欠かしません。

## ◆「模写」のすゝめ

そもそも、文章を書くことが大の苦手という人がいます。

**文章を書くことに対する苦手意識を克服するための最も効果的なトレーニング方法があります。**

**それが「模写」です。**

模写とは、文章をそのまま書き写すことです。

ただ書き写すだけで良いのです。

とにかく、書いて、書いて、書きまくる！

手で覚えるイメージです。

もちろん、根気のいる作業ではありますが、文章力はグングン上がります。

ここで、何を模写するかが重要となります。

「駄文」を模写しても、実力はつきません。

それどころか、伝わりづらい文章が身についてしまいます。

実際の模写ノート

では、具体的に何を模写すべきなのでしょうか？

それは新聞の「社説」です。

私が社説の模写をおすすめする理由は、二つあります。

1点目は、小説やポエムなどとは異なり、客観的な情報がシンプルにまとめられているため、伝わる文章力を養うことができるからです。

2点目は、一般常識、教養が身につくからです。

特に、就活生であれば、面接のネタにもなり、まさに一石二鳥です。

ちなみに、大学入試受験生は、社説の中でも入試出題率No.1の『天声人語』がイチオシです。

原稿用紙④　テーマ「　　」

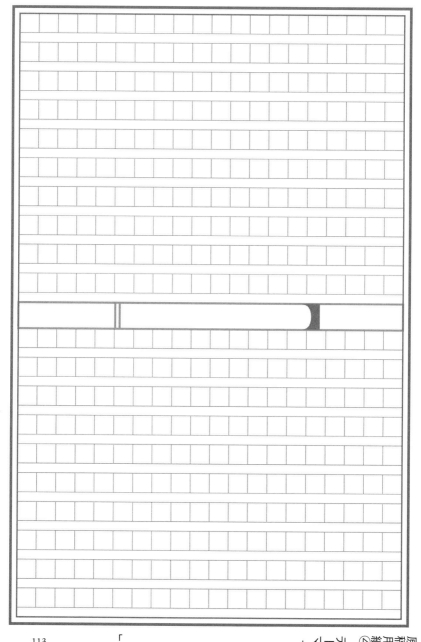

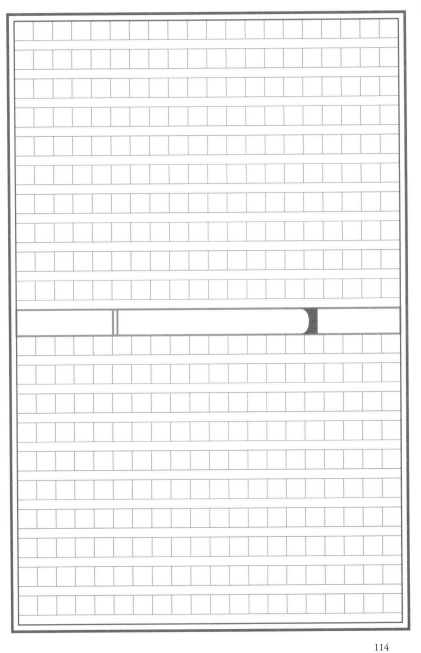

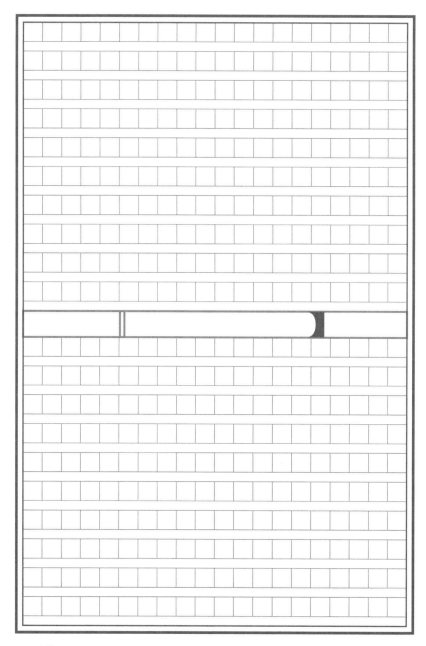

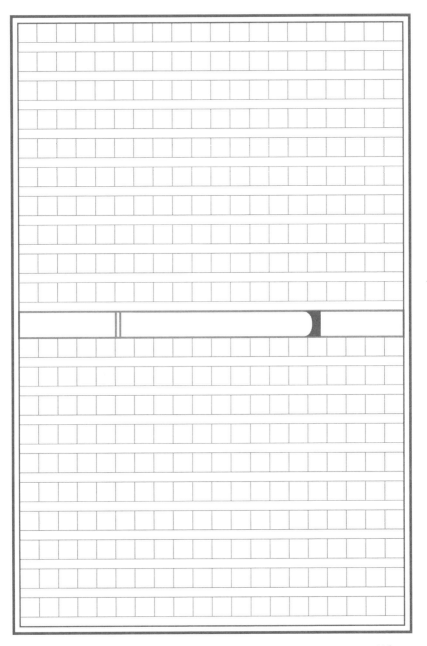

第5章

# 勝論文の「切り抜け方」

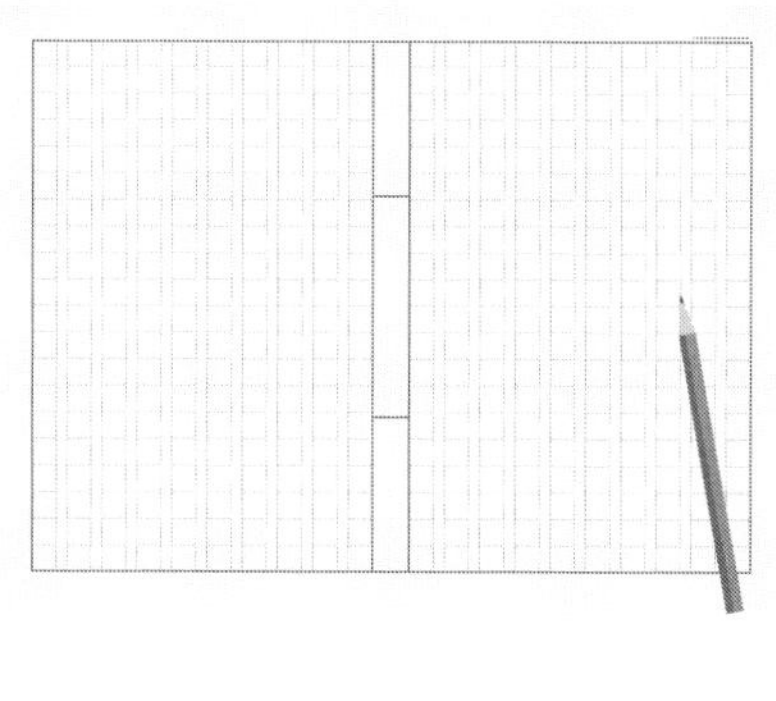

## ◆小論文にピンチは付きもの

仮にあなたが「これで万全！」と思えるだけの準備をしたとしても、本番では何が起きるかわかりません。

「漢字をど忘れしてしまった！」
「制限文字数におさまらない！」
「終了間際に凡ミスに気づいた！」

このように、「普段通りにやっていたのに、予想外のことが起きた……」ということは往々にしてあるものです。

しかし、予想外であっても、「想定外」であってはいけません。

想定外だと、ピンチに対応できません。

予想外の場合、仮にあなたが望んだ状況にはならなかったとしても、事前に対応策を検討しておくことができれば、その場を乗り切ることができます。

「自分だけは大丈夫」と高を括ってはいけません。

「ピンチは付きもの」と割り切って、事前に手を打っておくことが大事です。

対処法を知っていれば、たとえピンチに遭遇したとしても、落ち着いて対処できるはずです。

「ピンチの切り抜け方を知っているかどうか」

その差こそ、小論文で勝つ人とそうでない人の差なのです。

ここでは、小論文で陥りがちな土壇場のピンチについて挙げ、その対処法を紹介します。

## ◆時事問題対策の時間がない！

小論文では時事問題が課題テーマとして取り上げられることがあります。

その対策を後回しにして、結局、最後まで手が回らない受験生がいます。

日頃から新聞などで随時チェックしておくことが大事なのですが、「それはわかっていたのですが、時間がなくなってしまいました……」という人のために、頻出テーマ一覧をお伝えします。

闇雲に手をつけても非効率です。

広大な砂漠から一粒のダイヤモンドを探し当てるような作業になってしまいます。

この一覧では、ＡＯ推薦入試、公務員試験、教員採用試験を中心に頻出する時事テーマをまとめています。

これだけは絶対に押さえておきたい10テーマといえます。

［1］少子化・人口減少問題
［2］ワークライフバランス・働き方改革
［3］災害・テロ対策
［4］地球温暖化対策
［5］地方創生・活性化対策
［6］格差社会・貧困問題
［7］コンプライアンス・リスクマネジメント
［8］若年層のキャリア形成
［9］人工知能（ＡＩ）
［10］訪日外国人誘致・観光振興

前述のテーマから優先的に頭に叩き込むことで、最小限のインプットで最大限の効果を期待できます。

インターネットや時事特集などを活用して、実用的な知識を一気に詰め込みましょう。集中的に取り組めば前日からでも何とか間に合わせることができるはずです。応急処置ではありますが、諦めるくらいなら試してみる価値は十分にあるでしょう。

## ◆漢字をど忘れしてしまった！

いよいよ、迎えた小論文試験当日。

誰しも緊張するでしょう。

焦りもするはずです。

本番は非日常の中でストレスを感じながら受験します。

すべての受験生がそうした状況下から、いつもなら当たり前にできることが、突然、できなくなってしまうことがあります。

例えば、普段は書けるはずの漢字が、急に書けなくなってしまうといったこともあり得ます。

では、万が一、そのような状況になってしまった場合、どのように対処すれば良いのでしょうか？

対処法は大きく次の二つがあります。

① ひらがなで書く
② 別の表現に言い換える

①について、書けない場合はひらがなにすれば良いのです。
ひらがなをど忘れする人はさすがにいないでしょう。

ただし、前述したように、あまりひらがなが多すぎるのも読みにくいので、「わたしは」などは「私は」とできる限り書ける漢字はひらがなにしないようにしましょう。
②について、言葉選びを工夫するということです。
例えば、「憂鬱」という言葉が出てこなかったとしましょう。

その場合、「気分の落ち込み」などと言い換えるわけです。

その他、「懸念」といった漢字が書けなかったら、「気がかり」などと表現するわけです。

**言い換えがうまい人は、語彙力がある人です。**

もし、あなたがうまく言い換えができないというのであれば、コツコツ語彙力を高めるしかありません。

日頃から語彙集を活用し、頻出の基本語彙を押さえるなど、言葉のバリエーションを増やしていきましょう。

## ◆原稿用紙がマス目ではなく、「罫線」！

小論文の用紙には、二つの形式があります。

□マス目

□罫線

この2種類です。

大学入試では、マス目が多く、就職試験では、罫線が多いように思います。

罫線の場合、特に注意すべき点は次の二つです。

□文字数

□字の大きさ

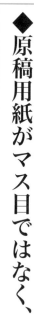

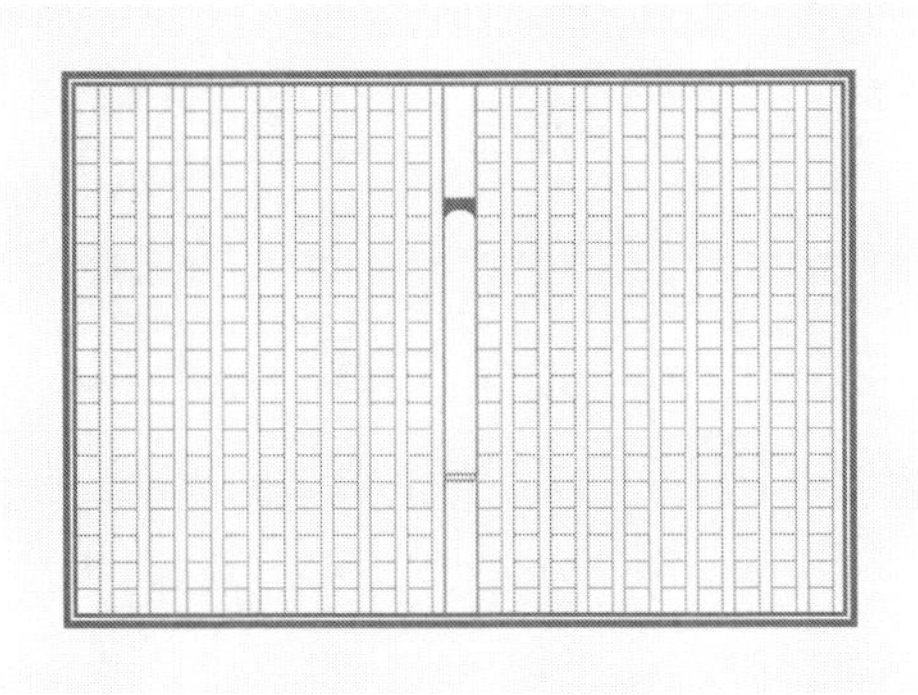

マス目

罫線

本番では1〜2行で構いませんので、下書きしてみてください。

そうして字の大きさの目安がわかれば、あとはそれに合わせて書き進めることができます。

罫線の場合、文章を詰めて書かないように気をつけてください。

罫線であっても原則、マス目の原稿用紙と同じ使い方です。

## ◆制限文字数を大幅に超過してしまった！

「一心不乱に書き続け、気づいたら200文字も超過していた」

あなたもそのような経験はないでしょうか？

本来、構成を事前に考えていれば、このようなミスは起きないはずです。

大前提として、構成をしっかり練ることが大事ですが、その上で、制限文字数に大幅な超過がある場合の対処法は次の二つがあります。

□「例文を削る」

□「改行を減らす」

例文が回答の要点になるということはあり得ません。

削ることができるはずですので、真っ先に検討してみてください。

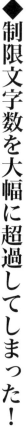

そして、改行を減らすことで大幅に文字数を削減することが可能です。改行が多いと、文字数のロスも増えます。

３行に一度は改行すると良いと前述しましたが、これはあくまでも目安です。もし、大幅に文字数を超過してしまうようであれば、部分的に改行箇所を修正してみましょう。

また、数文字から十数文字といった超過であれば、例えば、次のような対処もできます。

- □ 重複表現を見直す
- □ ひらがなを漢字表記にする

大幅な超過でなければ、このような対処をすれば指定字数に収めることができるはずです。

何百文字という大幅な超過であれば、先にお伝えした二つを試してみてください。

## ◆原稿用紙が半分も埋まらない！

「書くことが思い浮かばなくて、半分も原稿用紙が埋まらない」


こちらも「小論文あるある」です。

特に１０００字以上の小論文になると、「４００～５００字を埋めるのがやっと……」という受験生も出てきます。

残りの空白を見てゲンナリし、戦意喪失してしまう受験生も少なくないでしょう。

その時点で試験終了です。

原稿用紙を埋めようと躍起になり、設問とは関係のない内容や中身のない内容を延々と書き続ける……。

そんなことをして原稿用紙を埋めても、逆効果です。

では、どのようにすれば、原稿用紙を埋めていくことができるのでしょうか？

ここでは次の四つの方法を紹介したいと思います。

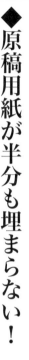

対処法①「例えば」「具体的に」
対処法②実体験を盛り込む
対処法③たしかに～しかし～
対処法④第三者のお墨付き

これらは、ただ単に文字数を稼ぐための「その場しのぎ」ではなく、説得力を持たせるためにも有効です。

それでは、一つひとつ詳細をお伝えしていきます。

## 対処法①「例えば」「具体的に」

原稿用紙を埋めるための対処法一つ目は、「例えば」「具体的に」です。

「例を挙げて説明してください」
「もっと具体的に書きましょう」

あなたも添削を受けた際、このように指摘されたことがあるのではないでしょうか。
採点官は受験生の小論文にサッと目を通して、次のキーワードがないか瞬時にチェックしています。

「例えば」
「具体的に」

これらは魔法のキーワードです。

例を挙げることで採点官も内容をイメージしやすくなります。

「抽象的→具体的」の形は勝論文のテッパンです。

また、具体的に言うことで詳しく説明できるのです。

内容を掘り下げれば、当然ですが、文字数も稼げます。

一つの例で３行程度はすぐに増やすことができます。

仮に三つの理由でそれぞれに例を入れたとしたら、それだけで10行程度はボリュームアップできる計算になります。

勝論文には必ずと言って良いほど、「例えば」「具体的には」といったキーワードが入っています。

## 対処法② 実体験を盛り込む

原稿用紙を埋めるための対処法二つ目は、「実体験を盛り込む」です。

「誰かから聞いた話」
「自分が体験した話」

どちらのほうがより説得力があるでしょうか？
答えはもちろん、「後者」です。
情報は次のように分類することができます。

□一次情報
□二次情報
□三次情報

一次情報とは、自分が実際に目で見て、体験した情報のことです。

二次情報とは、自分が当事者から聞いた情報のことです。

三次情報とは、テレビや新聞などから得た情報のことです。


これらの情報の中で最も説得力が高いのは一次情報ということになります。

説得力という意味では、一次情報に勝るものはありません。

注意点として、自分だけがわかる実体験（内輪ネタ）はＮＧです。

勝論文では決まって一次情報が随所に盛り込まれています。

論を展開するにあたって、自分自身の体験から語れることはないか、思い返してみてください。

## 対処法③　たしかに～しかし～

原稿用紙を埋めるための対処法三つ目は、「たしかに～しかし～」です。

小論文で課せられるようなテーマでは、「100：0」で賛成か反対かに分かれることはありません。

賛否両論あるはずです。

そこで、考えるべきは自分とは異なる意見にも必ず論理があるということです。

世の中には多様な人がいるため、それぞれの視点で違ったものの見方が生まれます。

そのことを踏まえて、独りよがりの意見ではないということが伝えられれば、あなたの小論文により深みが増します。

その技術が、「たしかに～しかし～」なのです。

自分の意見を述べた後に、「たしかに～」と自分の意見とは反対の人の意見も一理あることを認めます。

そうすることで、反対意見を持った人に対しても一定の理解を示す余裕を見せることができます。

勝論文にはその余裕が漂っています。

□視野の広さ
□考えの深さ
□著者の度量

「たしかに〜しかし〜」を使って、このような器の大きさをチラつかせましょう。

ここで、賛成・反対メモが活きてきます。

両方の意見を考えているので、自分とは反対の意見も書き出しているはずです。

そのうちのどれか一つを使いましょう。

注意点として、「しかし〜たしかに〜」などと誤った使い方をすると、途中で意見がブレてしまう恐れがあります。

論理展開を疑われてしまいますので、気をつけましょう。

## 対処法④ 第三者のお墨付き

原稿用紙を埋めるための対処法四つ目は、「第三者のお墨付き」です。
信頼できる第三者の声があると、読み手は信じ込みやすくなります。
ホームページなどでも「推薦者の声」が掲載されていることがあるでしょう。
人は権威に弱い生き物です。
心理的効果は大きいです。
当然、権威づけの意味で盛り込むわけですから、誰でも良いわけではありません。

- □ 専門家
- □ 第一人者
- □ 大学教員
- □ 研究者
- □ 公人

□有識者

このような第三者の声を付け加えることで、小論文の説得力がグンと高まります。

「○○大学の●●教授もこう主張している」

「△△省の▲▲調査官も次のように分析している」

このようにして、あなたの主張にグッと厚みを持たせるわけです。

事前に情報をインプットしておく必要はあります（人名、肩書きなどの誤表記は減点対象です）が、うまく第三者のお墨付きを活用することができれば効果は絶大です。

## ◆土壇場でミスに気づいてしまった！

「ふぅ～、やっと書き終えたぞ！」

そう安堵したのも束の間、凡ミスを発見してしまった……。

例えば、誤字の場合であれば、その文字を修正すれば済む話ですが、脱字などの場合、文章全体の文字数に影響を及ぼします。

そうなると、修正に一定の時間がかかります。

時計に目をやると、試験時間は残りあと1分！

まさに絶体絶命のピンチです。

本来、ミスに気づくことは良いことですが、いささかこのタイミングでは遅過ぎるというものです。

「もう少し早く気づいていれば……」などと歯ぎしりしたところであとの祭りです。

このような状況に陥ると、大抵の受験生はパニックを起こします。そして、あろうことか今まで一生懸命に書き上げた答案用紙を消しゴムでゴシゴシと消し始めます。

挙げ句の果てには、原稿用紙を勢い余って破ってしまう……。

「泣きっ面に蜂」とはまさにこのことですね。

こうした踏んだり蹴ったりの状況に陥らないために、落ち着いて対処する必要があります。

具体的には、次の２通りの方法がベターです。

①　句読点の位置や表現を変えて同じ文字数内で調整をする

②　そのまま放置しておく

①が好ましいですが、どうしても間に合わない場合は、そのまま放置するのも手です。

今まで書いた文章を消している途中にタイムオーバーになるくらいなら、そのままにしておいたほうが減点は最小限度に防げます。

②について、奇跡的に採点官がミスに気づかないというラッキーもあるかもしれません。
何があっても希望を持ち続けることです。

原稿用紙⑤

テーマ「　　　　　　　　　　　　」

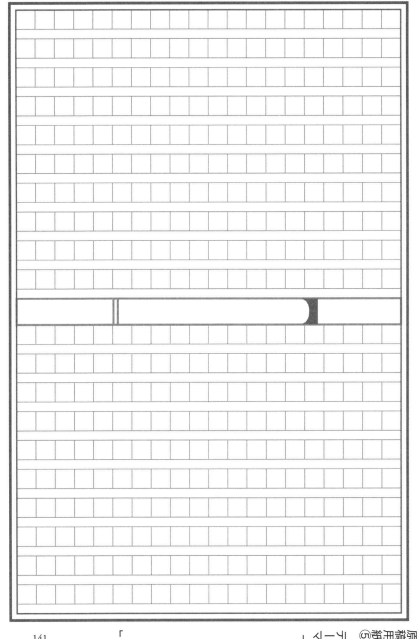

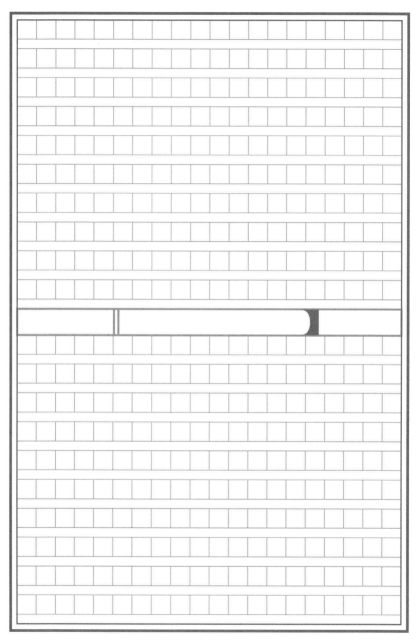

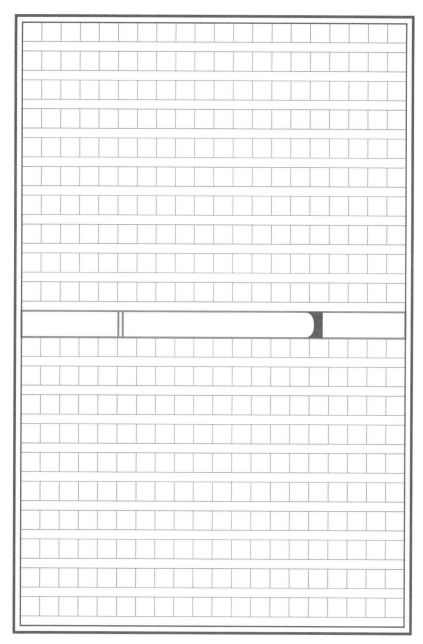

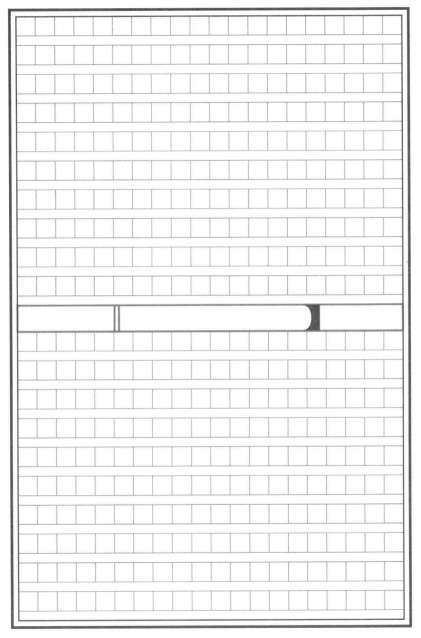

## ■付録 合格者特別対談■

付録として、著者と合格者による特別対談を収録しました。
ぜひ、参考にしてください。

合格者プロフィール
K・Tさん（♂）
著者の指導を受け、AO入試で都内の私立大学に現役合格を果たす。その後も、本書で紹介するダイヤモンドメソッドを活用し、大学で研鑽を重ね、公務員試験を突破。2020年4月より、某市役所にて勤務予定。

～特別対談～

**小杉**「本日は貴重なお時間をありがとうございます。インタビューを引き受けてくださり、嬉しいです。」

K・T「ご無沙汰しています。こちらこそ、よろしくお願いします。」

小杉「まずは公務員試験突破、おめでとうございます。ついこの間、大学受験を終えたばかりのような気もしますが、時間が経つのは早いですね。」

K・T「ありがとうございます。そうですね。大学受験の際、小杉先生に教わった小論文メソッドのお陰です。あの時、ご指導を受けていなかったら、今頃どうなっていたかと思います。」

小杉「そう言っていただけると、私も指導した甲斐があります。早速ですが、本書でも紹介している小論文メソッドはどのような場面で役に立ちましたか？」

K・T「はい。私は大学受験でＡＯ入試を利用したのですが、試験科目に小論文がありました。もともと、文章を書くこと自体、あまり得意とは言えませんでした。むしろ、苦手意識があったくらいです。そこで、小杉先生にマンツーマンで集中的にご指導いただき、小論文の基本を身につけることができました。その結果、無事にAO入試に合格することができました。その後、大学に入ってからも、多くのレポート課題を提出する機会がありましたが、大学受験時にマスターした小論文メソッドが大いに役立ちました。最終的には、公務員試験も土台はそれだけで突破できました。」

**小杉**「つまり、高校生の時に習ったことが、社会人になるまで通用したわけですね。たしかに、お伝えした小論文メソッドは、一度身につけてしまえば、その先、一生使えると言っても過言ではないでしょう。基本は高校生の小論文も公務員試験も同じですから。就職試験だからと言って、何か特殊な書き方が求められるわけではありません。理解する上で、特に難しい部分はありませんでしたか?」

**K・T**「すんなりと理解することができました。当時の私は、文章を書くことに苦手意識があったくらいですから、決して出来の良い受験生だったとは言えないと思います。ですが、ダイヤモンドメソッドをはじめ、小論文を書き上げるにあたっての手順がシンプルに示されていたので、一度学べば、誰でも簡単に本番で勝てる小論文が書けるのではないかと感じました。もちろん、小杉先生の教え方が分かりやすかったというのもあります。」

**小杉**「そうですか。理解すること自体は、難易度はそれほど高くないということですね。私自身、多くの受験生が理解できなければ、実用性がないと思っていますので、できる限り、ムダなく、分かりやすいメソッドに仕上げているつもりです。理解できれば、あとは演習次第だと考えています。その点については、どのような準備をしましたか？」

**K・T**「小論文のメソッドを理解しても、それだけでは勝つ小論文は書けるようになりません。その後に一定の演習は必要だと思います。私の場合、小杉先生にすすめられたように、試験別に傾向を掴むため、AO入試の時も、公務員試験の時も、過去問を解きまくりました。具体的には、10年分以上の問題を解きました。過去問は間違いなく重要です。」

**小杉**「なるほど。教育分野ではよく言われることですが、『分かった』と『できる』はイコールではないですからね。それにしても、それだけの量を演習することは大変だったでしょう。何か秘訣はありますか？」

**K・T**「最初は制限時間を設けずに解きました。慣れてきたら、本番と同様の時間で解きました。と言うのも、過去問を解きはじめてすぐの時は、やはり、時間配分が怖かったからです。小杉先生に、『試験開始直後からいきなり書き出さず、まずは時間を十分にかけて構成を練ってください』と教わっていたのですが、いざ、問題を解いてみると、本当にこれで間に合うのか、心配になってしまって……。だから、試しにはじめのうちは時間を考えずに、解いてみたわけです。そうすることで、時間の目安が掴め、心底納得することができました。」

**小杉**「それは良いですね。やはり、自分自身で体感してみることが大事ですね。その他に、やっておいて良かったと思うことはありますか？」

**K・T**「あとは『模写』が効果的でした。これも小杉先生から教わったことですが、高校時代に社説を一年分、書き写しました。もの凄くきつかったですが、そのお陰で伝わる文章が書けるようになりました。それ以前に、文章を書くことに対する抵抗感がなくなったと思います。」

**小杉**「当時は『腱鞘炎になりそう……』と四苦八苦されていましたね。はたから見ていても大変そうでしたが、努力が実を結んで良かったです。模写は地道な作業ですが、着実に力がつきます。また、知識や教養も身につくのでおすすめです。さて、試験本番について、お伺いしたいのですが、AO入試の時も、公務員試験の時も、小論文で不安はありませんでしたか?」

**K・T**「不安が全くないと言えば嘘になります。『問題傾向が例年と変わらないだろうか』といった心配はありました。しかし、それでも、いつも通りに力を発揮できれば、合格点に届くだろうという自信はありました。現に試験を受けている最中もすでに手応えはありました。万全と思えるくらいに準備をすれば、間違いなく、合格点は狙える試験科目だと思います。」

**小杉**「それは素晴らしいですね。試験ですから、緊張を完全になくすことはできないでしょうが、人事を尽くせば、あとで後悔することはありませんよね。ここまで貴重な体験談、大変参考になりました。さて、最後になりましたが、これから小論文を学ぼうとしている受験生に一言、メッセージをお願いします。」

**K・T**「指導された内容を愚直に実践したことで、自信を持って本番を迎えることができました。小杉先生が教えてくださる小論文のメソッドは一生使えます。万能だからこそ、できるだけ早い時期に身につけておくと良いと思います。」

**小杉**「本日はありがとうございました。」

**K・T**「ありがとうございました。」

【プロ講師が１対１指導するAO・推薦入試専門塾】

# KOSSUN教育ラボ

## KOSSUN 教育ラボのご案内

### ● KOSSUN 教育ラボとは

KOSSUN 教育ラボは、AO・推薦入試対策に特化した専門塾です。2012 年に開塾以来、一貫して志高い受験生の育成に尽力してきました。塾生は現役の高校１～３年生、浪人生、社会人と、幅広い層が学んでいます。

### ●選ばれる５つの理由

#### 理由①　業界最高峰のプロ講師陣

KOSSUN 教育ラボの講師は、全員が現役プロ講師、それもメディアで活躍する業界屈指の精鋭です。AO・推薦入試分野において「最も信頼されている講師」といっても過言ではないでしょう。そんな人気プロ講師を独り占めできるのは KOSSUN 教育ラボだけです。

### 理由②完全１対１個人指導

KOSSUN 教育ラボでは「１対２」や「１対３」の〝個別〟指導ではなく、徹底した１対１〝個人〟指導制を貫いています。KOSSUN 教育ラボはこの教育スタイルにこだわることで、開塾以来、年々合格実績を伸ばしてきました。

また、とことん納得がいくまで受講していただけるよう、書類添削、メール相談を回数無制限に設定しています。この通信サポートでも、担当するプロ講師が一貫して塾生の指導を請け負うことで、「顔が見える」通信添削を実現しています。

### 理由③選べる２タイプの受講形態

高校生、浪人生、社会人……KOSSUN 教育ラボには様々な立場の塾生が通っており、ライフスタイルの違いから、適した学び方もそれぞれ異なります。

そこで、あらゆるニーズにお応えするため、KOSSUN 教育ラボでは、「教室通塾」「Skype 受講」の２つの学び方から自分に合った方法を選ぶことができます。

もちろん、「教室通塾」「Skype 受講」の併用も可能です。通常は教室通塾の塾生であっても、状況によってスカイプ受講と使い分けることができます。

### 理由④教育特区が誇る最先端設備

拠点となる教室は、品川区御殿山（ＪＲ大崎駅から徒歩３分）にあります。その理由は、教育特区の利点を活かして全国から最新の教育情報が集まってくるからです。

また、教室には最先端の設備が揃えられており、塾生の能力を存分に引き出すためのあらゆるツールが揃っています。大手予備校の教育設備をも越える、学び舎として最高峰の学習環境をご提供することで、塾生が快適に学べるよう最大限にサポートします。

### 理由⑤業界初の入学前教育フォロー

大学から出題される入学前教育、初年次教育課題は年々、高度化しています。入学までの間､気を抜いていてはスタートダッシュに失敗してしまいます。最悪の場合、希望するゼミナールや研究室に所属できなくなる可能性もあります。

「受かった後も何かサポートできないか」と考えた時、多くの受験生から要望があったのが、入学前教育のフォローです。受験後もフォローを本格的に継続する塾はKOSSUN教育ラボが日本初でしょう。もちろん、入学まで無料でサポートします。

KOSKOS

# KOSKOSのご案内

## ●KOSKOSとは

KOSKOS（コスコス）は、AO入試、推薦入試に特化した専門塾です。KOSSUN教育ラボの姉妹塾として、2019年に誕生しました。高１・２年生をはじめ、本格的にAO推薦入試対策を行いたい受験生におすすめです。特長は次の３点です。

① 探究ゼミ
② 個人指導
③ 認定講師

講座ラインアップは他の塾・予備校と比較して、圧倒的に充実しています。入塾後は、塾生一人ひとりの状況に合わせて志望校・学部別の対策が可能です。

## ●対策講座一覧

「自己分析＆志望校研究」講座

「志望理由書」対策講座

「自己推薦書」対策講座

「研究計画書」対策講座

「自由記述」対策講座

「出願書類」対策講座

「小論文・作文」対策講座

「面接」対策講座

「プレゼン」対策講座

（2019年10月現在）

志 院試専門 志樹舎

## 志樹舎のご案内

### ●志樹舎とは

志樹舎は、院試専門のSkype家庭教師予備校です。志樹舎の使命は、「志共育の実践」を通じ、イノベーターを輩出することです。

志樹舎では、次の対策に完全対応しています。

### ●対策一覧

「自己分析」
「大学院研究」
「志望理由書」対策
「自己推薦書」対策
「研究計画書」対策
「研究企画書」対策
「回答書」対策

「小論文」対策
「面接」対策
「プレゼン」対策
（2019 年 10 月現在）

## ●５つのこだわり

### ①全国から抜擢された業界最高水準の「現役講師陣」

院試において「誰と対策するか」は最重要ポイントの一つになります。講師の善し悪しが結果に合否直結するといっても過言ではありません。志樹舎では、「講師力 NO・１」を掲げ、全国から抜擢された経験豊富な現役講師陣を揃えています。業界屈指の実力を持つ講師陣があなたの不安や悩みを解決し、受験全般をリードします。

### ②国内大学院の入試対策に特化した「受験ノウハウ」

「受験は情報戦」といわれます。大学院入試の対策ともなれば極めて高い専門性が要求されます。志樹舎では、大学院入試専門の対策機関としての確固たる受験ノウハウを蓄積しています。また、受講生に最新の入試情報を提供できるよう、日々の情報収集にも余念がありません。これにより、極めて高度な志望校別対策を可能にしています。

### ③マンツーマン授業による究極の「“個人”指導」

年々、個別指導塾は増加傾向にあります。ただし、その指導形態は受講生２～３人に対し、講師１人のスタイルが多いです。これでは実際に指導を受けられる時間は、２分の１、３分の１になります。志樹舎では、あなたのためだけに完全１対１で授業を行います。それにより、密度の濃いプライベート授業を実現しています。あなたも個別指導を超えた、究極の〝個人〟指導を是非、体感してみてください。

### ④通学不要、安心価格を実現する「Skype指導」

志樹舎では、これからの時代にふさわしい効率的な学びを追求しています。具体的には、無料テレビ電話サービス「Ｓｋｙｐｅ」を利用することで通学時間を短縮し、費用も圧倒的に抑えることに成功しました。この指導スタイルは仕事が忙しい社会人受験生や受講費用をできる限り抑えたい受験生には、理想的であるといえます。

### ⑤限られた時間で本番に間に合わせる「超スピード直前対策」

本来、院試の準備は長丁場になります。しかし、中には受験を決意してからわずか数ヶ月程度で入試に臨まざるを得ない状況の受験生もいるでしょう。志樹舎では、こうした受験生が入試で不利にならないよう、効率的なサービスを提供することで、最短１ヶ月程度での対策を可能にしています。このスピード感は他では決してマネできません。

# あとがき

最後までお付き合いいただき、ありがとうございました。

いかがだったでしょうか？

この本では、減点されない小論文を書くために必要なハウツーをお伝えしてきました。

この本を通じて、小論文試験を無事に突破するための自信をつけていただけたなら著者冥利に尽きます。

もし、内容についてご意見、ご感想がありましたら、出版社宛てにメールか手紙を送ってください。

必ずそのすべてに目を通します。

また、もし身近にあなたと同じような悩みを抱えた人がいれば、ぜひこの本を紹介してあげてください。

著者として心からのお願いです。

さて、この本は私にとって12冊目の出版となりました。

企画を世に送り出すことができたのも、一重に様々な形で執筆をサポートしてくださった皆様のおかげです。

この場を少しだけ借りて、謝辞を述べさせてください。

まず、エール出版社には２０１１年にはじめて仕事をご一緒させていただいて以来、現在に至るまで大変お世話になっています。厚く御礼申し上げます。

次に、この本を書き上げる中で、当事者目線でご意見、ご感想をくださった塾生、受験生の皆様。貴重なご指摘をありがとうございました。ぜひ、参考にさせていただき、内容を反映させていただきます。

そして、最後になりましたが、日々、私を成長させてくれている家族に感謝します。いつもありがとう。

これからもどうぞ末長くよろしくお願いします。

令和元年12月のよく晴れた日

御殿山のオフィスから

小杉　樹彦

## ◆参考文献


今道琢也『全試験対応！直前でも一発合格！落とされない小論文』（ダイヤモンド社）
樋口裕一『小論文これだけ！今さら聞けないウルトラ超基礎編』（東洋経済新報社）
小杉樹彦『ＡＯ推薦入試「志望理由書」の極意101』（エール出版社）
小杉樹彦『行列のできる公務員試験対策ゼミ』（日本橋出版）
小杉樹彦『ＡＯ・推薦入試の黄本』（新評論）

さて、筆を取るとしよう。

◎著者略歴

小杉樹彦　Tatsuhiko Kosugi

KOSSUN 教育ラボ 代表 /KOSKOS 塾長 / 志樹舎 代表講師 / 上武大学ビジネス情報学部 専任講師 / 学びエイド 鉄人講師

東京都港区生まれ、品川区育ち。1986 年 4 月 7 日。寅年。

血液 O 型。

慶應義塾大学院修了後、一貫して教育業界に従事。延べ 3,000 人の受験生を指導。添削した小論文は 5 万枚を超える。

現在は教育ベンチャー経営、大学教員のかたわら、教育評論家として、NHK『テストの花道 ニューベンゼミ』出演、『日経 WOMAN』掲載などテレビから雑誌まで幅広いメディアで活動中。

著書『AO 入試の赤本』『AO 推薦入試「志望理由書」の極意 101』（共にエール出版社）、『AO・推薦入試の黄本』（新評論）、『もうひとつの大学入試 AO 入試のバイブル AO 本』（ごま書房新社 VM）ほか、学参書を中心にロングセラーを多数執筆。本書は 12 作目。

趣味はバスケットボール、ヴァイオリン、読書。

Twitter：https://twitter.com/tatsuhikokosugi
Facebook：https://www.facebook.com/tatsuhiko.kosugi.1

**減点されない！ 勝論文**
**［1からわかる小論文 基礎の基礎編］**　　＊定価はカバーに表示してあります。

2020 年 2 月 4 日　初版第 1 刷発行

著　者　小　杉　樹　彦
編集人　清　水　智　則
発行所　エール出版社

〒 101-0052　東京都千代田区神田小川町 2-12
信愛ビル 4 F
e-mail : info@yell-books.com
電話　03(3291)0306
FAX　03(3291)0310
振替　00140 − 6 − 33914

　乱丁本・落丁本はおとりかえいたします。

ISBN978-4-7539-3469-0

# AO 推薦入試「志望理由書」の極意 101

**「志望理由書の魔術師」の異名をとるカリスマ塾長が 2,000 人の合格者に伝授した全技術を本邦初公開**

序　章　志望理由書には「極意」がある
第 1 章　「考え方」の極意 7
第 2 章　「書き方」の極意 12
第 3 章　「志望動機」の極意 10
第 4 章　「研究計画」の極意 8
第 5 章　「情報収集」の極意 12
第 6 章　「伝わる文章」の極意 11
第 7 章　「差別化」の極意 9
第 8 章　「推敲」の極意 7
第 9 章　「添削」の極意 7
第 10 章　「清書」の極意 9
第 11 章　「出願後」の極意 8
最終章　101 番目の極意とは？

ISBN978-4-7539-3408-9

小杉樹彦・著

◎本体 1500 円（税別）

## 評定3.5未満、出席不良、帰宅部でもAO・推薦入試で逆転合格できる！

**一芸よりも「総合力」が問われる入試**
**過去よりも「未来」のビジョンが重要**
**偏差値よりも学部との「相性」に注目**

第1部　間違いだらけのAO・推薦入試
第2部　KOSSUN教育ラボ式ワークシート
第3部　KOSSUN教育ラボ式合格メソッド【出願書類対策編】
・志望推薦書、自己推薦書対策
・エントリーシート、活動報告書対策
・自由記述対策
・志願者評価書、推薦書対策
第4部　KOSSUN教育ラボ式合格メソッド
【小論文・作文対策編】
第5部　KOSSUN教育ラボ式合格メソッド
【面接・プレゼン対策】
第6部　KOSSUN教育ラボでは何をどう教えているのか

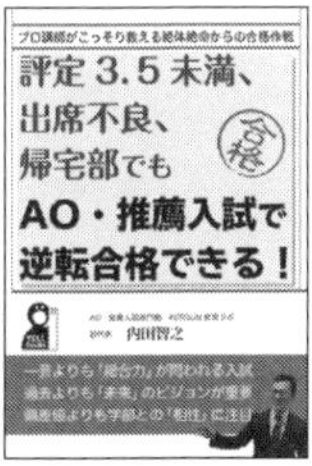


ISBN978-4-7539-3346-4

内田智之・著　　◎本体1500円（税別）